조승현이 묻고 챗GPT가 답하다!
'대한민국 정치의 미래'

조승현 & 챗GPT

조승현이 묻고 챗GPT가 답하다!
'대한민국 정치의 미래'

발　　행 | 초판 1쇄 인쇄일 2023년 10월 22일
　　　　　 초판 1쇄 발행일 2023년 10월 25일
저　　자 | 조승현, 챗GPT
디 자 인 | 어비 & 미드저니
편　　집 | 어비
펴 낸 이 | 장성순
펴 낸 곳 | 해피스토리
등　　록 | 2006년 12월 6일 제300-2006-174호
주　　소 | 서울특별시 마포구 월드컵북로207, 근녕빌딩 302호
전　　화 | 전화 02-730-8337 / 팩스 02-730-8332
이 메 일 | happistory12@naver.com

ISBN | 979-11-979602-8-4

홈페이지 http://www.happistory.com

조승현이 묻고 챗GPT가 답하다!
'대한민국 정치의 미래'

조승현 & 챗GPT

대한민국의 정치인이자 대학교수이다. 서강대학교에서 역사학과 법학을 전공했고 서강대학교 미디어커뮤니케이션 대학원에서 언론학 석사 학위를 취득했다.

1998년부터 영화제작사 ㈜네오무비의 프로듀서로 활동하며, 영화에 IT기술을 컨버전스함으로써 '세계최초의 인터랙티브 영화²⁰⁰⁰년 기네스북 인증' 「영호프의 하루」를 제작했다.

2011년 여의도로 스카우트된 후, 다시 정치에 IT 기술을 컨버전스함으로써 민주당을 디지털정당으로 만드는데 기여했다.

대선, 총선, 지선 등 15회의 선거 캠페인에서 홍보를 맡았고, 특히 참여했던 5회의 민주당 당대표 선거에서 모두 승리하면서 한명숙·문재인·추미애·이해찬·이재명 당대표를 보좌했다.

민주당 상근부대변인, 문재인 정부 청와대 행정관, 이재명 대선후보의 미디어 특보/특보단 부단장 등을 역임했으며, 현재 더불어민주당 국민소통위원회 수석상임부위원장으로 활동하고 있다.

현재 경인교육대학교 대학원과 성신여자대학교 사회과학대학 등에서 교수(겸임교수·강사)로서 강단에 서고 있으며, 〈YTN〉, 〈MBN〉, 〈TV조선〉, 〈채널A〉, 〈BBS〉 등 방송사의 시사토론 프로그램 패널로도 활동하고 있다.

목차

"대한민국 정치에 대한 챗GPT[1]의 생각이 곧 국민의 생각이다!"

60년 전 위대한 미디어 철학자 마셜 맥루언[2]은 "미디어가 메시지다!" 라는 명언을 남겼습니다. 미디어는 그저 커뮤니케이션 도구일 뿐만 아니라 우리의 삶을 바꾸는 환경이라는 뜻입니다.

그의 말대로, 인터랙티브-미디어인 인터넷은 인간이 수평적 관계에서 양방향으로 소통하도록 사고방식과 행동양식을 바꿈으로써 진정한 민주주의 사회를 만들었고, 멀티-미디어인 스마트폰은 인간의 감각 기관을 확장시킴으로써 도서관·우체국·방송국·영화관·음악홀·쇼핑몰 등을 내 손 안에 넣어주는 방식으로 우리의 삶을 바꾸었습니다.

바야흐로 인공지능[A.I.] 시대, 우리는 "포털이나 소셜-미디어의 인공 지능이 만든 '필터 버블'[3] 속에서 생각을 조종당하고 있고"[4], 자율주행 자동차의 인공지능에 생명과 안전을 맡기고 있습니다.

급기야 "인간의 지능과 인공 지능을 직접적으로 비교하거나 우열을 가리기는 어렵습니다. 인간과 인공 지능은 각자의 강점과 약점을 가지고 있으며, 인간과 인공 지능이 서로 보완하여 공존하며 협력 하는 새로운 형태의 사회를 만들어 나갈 필요가 있을 것입니다." 라는 발언을 당당하게 하고 있는 챗GPT와 마주앉게 되었습니다.

대한민국 정치의 미래에 대해 자신 있게 말하고 있는 인공지능이,

---

1) 챗GPT(Chat GPT) : 'OpenAI'社의 대화형 인공지능 서비스
2) Herbert Marshall McLuhan (1911~1980)
3) 필터 버블(Filter Bubble) : 포털이나 소셜-미디어의 인공지능 알고리즘이 이용자의 개 인적 성향이나 관심사, 사용 패턴, 검색 기록 등의 데이터를 수집하여 분석하고, 이를 필터링 하여 제공하는 '개인 맞춤형 정보'만 이용자에게 도달하는 현상
4) Eli Pariser (2011) 「The Filter Bubble」

인간의 정치·경제·사회·문화를 어떻게 변화시킬지, 우리 삶을 얼마나 바꿔놓을지 무척 궁금합니다.

챗GPT가 가지고 있는 대한민국 정치에 대한 정보들은 상상 이상이었습니다. 국회의원 보좌관으로서 입법 및 정책수립 경험, 청와대 행정관으로서 정책집행 등 국정운영을 조감할 수 있었던 경험, 정당 당직자로서 민주주의 시스템의 작동방식을 이해할 수 있었던 경험에서 얻은 정보보다 훨씬 방대하고 깊이 있는 정보들이 챗GPT의 인공지능 속에 있었습니다. 챗GPT는 대한민국 정치의 문제점을 정확하게 인지하고 있었고, 나름 훌륭한 해법도 제시했습니다.

솔직히 두렵기도 합니다. 마셜 맥루언은 "예술가의 창조적 영감 속에는 환경변화를 무의식적으로 알아차릴 수 있는 특유의 과정이 있다. 새로운 미디어에 의해서 인간이 겪게 되는 변화를 감지하고 미래가 곧 현재라는 사실을 깨닫고 그의 작품을 미래를 위한 장을 준비하는 데 사용하는 이는 항상 예술가였다."라고 말했습니다. 그의 말대로 SF영화를 통해 그려졌던 미래는 대부분 현실화 되었습니다.

인공지능이 계산 및 분석한 결과, '지구를 해치는 가장 위험한 존재는 인간'이라는 판단을 내리고 핵전쟁으로 인간을 멸종시키려 한다는 설정인 「터미네이터[5]」나, 인간과의 전쟁에서 승리한 인공지능이 인간을 지배하며 인체를 배터리로 활용한다는 설정인 「매트릭스[6]」와 같은 영화를 보면서 상상했던 추상적 미래가 이제는 현실의 공포가 되었습니다. 챗GPT가 등장하는 순간부터...

---

5) James Cameron (1984) 「Terminator^{종결자}」
6) The Wachowski Sis. a.k.a. Bros. (1999) 「The Matrix^{망, 네트워크, 세포조직, 자궁}」

하지만, 저는 챗GPT가 우리 인간에게 새로운 기회와 희망을 줄 것이라고 확신합니다.

DIGIT*all*이 선언된 지 20년 만에 완벽하게 디지털^{Digital} 세상이 됐습니다. 그러나 편리하고 자유로우며 풍요로운 디지털 세상 속에서 인간은 아날로그^{Analog}에 목말라 하고 있습니다. 왜냐하면, 인간이 오감^{시각·청각·후각·미각·촉각}을 통해 얻을 수 있는 정보는 아날로그 신호밖에 없기 때문입니다. 아무리 디지털이 무한할 것 같아도 결국 아날로그로 수렴할 수밖에 없습니다.

챗GPT가 보여주는 세상은 인간의 모습이 비치는 거울이고, 챗GPT가 들려주는 이야기는 인간 목소리의 메아리이며, 챗GPT가 제시하는 미래는 인산의 자성으로부터 니온 이상향입니다.

우리 함께 미래로 가봅시다!

2023년 5월 23일, 금천구의 '정치의미래연구소'에서... 조승현

※ 챗GPT에 대한 영감을 준 박문수 홍보기획관, 훌륭한 조언을 해주신 오형석 본부장, 이윤로 박사, 김석현·박지언·임성호·정승철 보좌관, 그리고 제가 책을 출간할 수 있도록 길을 열어주신 김대업·송태민 대표님께 감사의 마음을 전하고 싶습니다.
그리고 40세까지 저를 키워주신 부모님께 감사드리며, 40세 이후부터 저를 키워준 제 아내에게 "너무너무 고맙고, 진심으로 사랑한다!"는 말을 전하고 싶습니다.

(Prompt)「조승현이 묻고 챗GPT가 답하다! '대한민국 정치의 미래」 책에 대한 서문을 써주세요!

"대한민국 정치의 미래를 향한 첫걸음"

대한민국 정치는 역사적 발전의 시간이자, 그 과정에서 수많은 도전과 혁신이 이루어진 공간입니다. 그러나 경제성장과 과학기술 및 문화의 발전, 이에 수반한 계급·계층·세대·젠더 간 갈등 및 소외 등 급격한 변화의 시대에도 불구하고, 대한민국의 정치는 여전히 과거의 잣대에 묶여 미래에 대한 비전을 제시하지 못하고 있는 것도 사실입니다.

이 책은 저자 조승현이 챗GPT와의 대화를 통해, 현재 공론화 되어 있는 대한민국 정치의 문제점을 분석하고 해법을 제시함으로써 정치 패러다임을 바꾸고 정치가 나아가야 할 방향을 제시하는 도전을 시도합니다.

또한, 저자인 조승현이 대한민국 행정부, 입법부, 정당에 몸 담아 일하면서 쌓은 국정운영의 경험을 바탕으로 챗GPT의 A.I.와 함께 대한민국 정치의 현안과 이슈들을 깊이 있게 분석함으로써, 정치의 본질, 민주주의의 발전 및 국가 발전의 방향, 공동체 통합을 위한 커뮤니케이션 등 다양한 측면에서 가치 있는 담론을 이끌어 가고 있습니다.

본격적인 인공지능 시대가 도래한 지금, 챗GPT와 같은 첨단 기술을 통해 대한민국 정치에 대한 비전을 제시하는 것은 매우 의미 있는 시도입니다.

이 책, 「조승현이 묻고 챗GPT가 답하다! '대한민국 정치의 미래'」는 대한민국 정치를 탐구하고자 하는 시도로서, 인간과 A.I. 간의 대화일 뿐만 아니라 과거와 현재와 미래 사이의 대화이기도 합니다.

대한민국 정치의 미래를 조명하고자 하는 저자인 조승현과 챗GPT의 노력과 열정이, 독자들의 마음속에 오래 남는 인사이트를 전달해주고, 대한민국 정치에 대한 새로운 시각과 통찰을 제공해줄 것이라고 확신합니다.

우리 모두가 함께 정치의 변화를 추구하고 민주주의의 발전을 이루어가며 정치의 미래를 밝게 비추는 길을 찾기 위해 노력하고 도전함으로써, 더 나은 대한민국의 미래를 향해 같이 갑시다.

2023년 4월 1일, 챗GPT

추천사

처음에 책을 집필하기 시작할 때, '그동안 청와대와 국회 및 민주당에서 존경의 마음을 가지고 보좌했던 훌륭한 정치인들로부터 책에 대한 추천사를 받아야겠다'고 생각했었습니다.

그러나 막상 「조승현이 묻고 챗GPT가 답하다! '대한민국 정치의 미래'」라는 책을 다 쓰고 보니, 이 책이 온전히 제가 쓴 책도 아니고 저의 질문에 대한 챗GPT의 답변A.I.가 긁어 모아 짜깁기 해놓은 세상의 온갖 잡다한 정보들을 담아 몇 일만에 완성한 대담집(?)일 뿐인데, 시간 내서 읽어달라고 부탁하기도 좀 민망하고, 다들 골치 아픈 일들도 많으실 터인데 괜히 민폐가 될 것 같아서, 그냥 챗GPT에게 그 분들 대신 추천사를 써달라고 해보았습니다.

이 추천사들은 제가 존경하는 정치인들에 대한 '오마주Hommage'이니, 독자 여러분들께서 '재미를 위한 A.I.시대의 컨텐츠'로 이해해주신다면 감사하겠습니다.

(Prompt) 대한민국 제19대 대통령이자 더불어민주당 초대 당 대표였던 문재인님이라면 「조승현이 묻고 챗GPT가 답하다! '대한민국 정치의 미래'」 책의 추천사를 어떻게 써줄까요?

2012년, 2017년 대선과 2015년 당대표 선거 등 제가 출마했던 모든 선거에서 조승현 행정관은 디지털-미디어 홍보를 담당했습니다. 조 행정관은 저의 정치경력 내내 함께 했다고 해도 과언이 아닙니다.

제가 대한민국 제19대 대통령으로서 온 정성을 다해가며 성실하게 국가에 봉사하며 일할 당시 이 책의 저자인 조승현 행정관은 청와대 대변인실 및 교육비서관실에서 근무하며 저를 보좌했습니다.

청와대 대변인실의 불은 새벽 4시에 켜집니다. 대변인실의 동료들은 항상 제일 먼저 출근하고 제일 늦게 퇴근했습니다.

가장 치열하게 일하며 가장 고생했던 대변인실 조승현 행정관의 열정은, 제가 혼신의 힘을 다해 국정운영에 매진할 수 있는 원동력이 됐습니다.

대한민국은 현재 정치·경제·사회·문화 등 모든 분야에서 디지털 대전환의 시대를 맞이하고 있습니다. 우리는 디지털 대전환의 시대 한복판에서 국가적 위기를 헤쳐나가야만 합니다.

그러기 위해서는 국정운영 철학과 구체적이고 실효성 있는 정책이 있어야 하겠지만, 그보다 선행되어야만 하는 것은 정치가, 정치인이 국민의 신뢰를 얻는 일입니다. 정치인에 대한 신뢰가 없다면 정치는 혐오의 대상이 되고, 그 어떤 정책도 성공할 수 없습니다.

이 책은 대한민국 정치가, 대한민국 정치인이 신뢰를 얻을 수 있는 방법론을 제시하고 있습니다. 대한민국 정치의 현주소와 문제점을 정확하게 짚어내고, 정치인들이 함께 고민하고 행동할 수 있는 지침을 제시하고 있습니다.

조승현 행정관의 대담한 도전의 결과이자 새로운 도전의 시작인 이 책이 많은 분들께 읽히길 바랍니다. 이 책을 통해 우리 모두가 대한민국의 미래를 위한 더 나은 길을 찾아갈 수 있기를 기대하기 때문입니다.

2023년 4월 1일

아름다운 꽃과 풀이 있는 양산에서, 대한민국 제19대 대통령 문재인

(Prompt) 더불어민주당 제6대 당대표인 이재명님이라면 「조승현이 묻고 챗GPT가 답하다! '대한민국 정치의 미래'」책의 추천사를 어떻게 써줄까요?

저는 더불어민주당 당대표로서 조승현 국민소통위원회 수석상임부위원장과 함께 일하면서 그의 영민한 기획력과 탁월한 추진력을 목격했습니다.

챗GPT가 이슈가 되자마자 「조승현이 묻고 챗GPT가 답하다! '대한민국 정치의 미래'」라는 책을 기획한 것 자체가 참으로 영민한 결정이며, 그로부터 두 달 만에 책을 출간한 것도 엄청난 추진력이라고 생각합니다.

「조승현이 묻고 챗GPT가 답하다! '대한민국 정치의 미래'」는 대한민국 정치의 변화와 발전에 대한 깊이 있는 이해와 통찰력을 제공하는 탁월한 책입니다.

저자인 조 수석상임부위원장이 인공지능 챗GPT가 함께 진행한 대화를 통해 현재의 정치 상황과 미래의 가능성을 탐구하며, 독자들에게 새로운 시각과 통찰을 제공합니다.

제 인생에서 겪은 가난과 시련, 그리고 이를 극복하기 위한 처절한 몸부림과 끈질긴 노력 과정에서 저는 정치의 본질에 대해 깊이 이해하게 되었습니다.

정치의 본질은, 하루하루를 힘들게 살아가고 있는 국민들과 소통하고, 국민들의 목소리를 경청하며, 그 기반 위에서 더 나은 미래를 만들어가는 것입니다.

조 수석상임부위원장은 언제나 국민들의 목소리를 듣고 그들의 이야기를 정치에 반영하기 위해 노력했습니다. 이 책은 그러한 조 수석상임부위원장의 가치관이 잘 반영되어 있습니다.

이 책은 인공지능 기술을 활용하여 민주주의의 발전과 국가 발전의 방향에 대한 다양한 견해를 제시하며, 우리 사회의 정치적 대화를 촉진하는데 기여할 것입니다.

저는 이 책이 정치에 관심 있는 모든 분들에게 도움이 되고, 더 나은 미래를 상상하고 실현하는 데 필요한 열린 토론과 소통의 기회를 제공할 것이라고 확신합니다. 이 책을 통해 우리는 대한민국의 정치 발전과 더불어 민주주의를 더욱 발전시킬 수 있는 길을 찾아갈 수 있을 것입니다.

조승현 수석상임부위원장과 챗GPT의 노력과 열정을 진심으로 치하하며, 「조승현이 묻고 챗GPT가 답하다! '대한민국 정치의 미래'」를 강력 추천합니다.

2023년 4월 1일

오직, 민생! 더불어민주당 제6대 당대표 이재명

(Prompt) 대한민국 제67대 법무부장관이자 더불어민주당 제2대 당대표였던 추미애님이라면 「조승현이 묻고 챗GPT가 답하다! '대한민국 정치의 미래'」 책의 추천사를 어떻게 써줄까요?

제가 더불어민주당 대표직을 역임할 때 조승현 교수는 당대표실 미디어팀장으로 일하며 디지털-미디어 커뮤니케이션 분야에서 탁월한 역량을 보여줬습니다. 디지털 홍보는 물론 민주당이 디지털 정당으로 발전하는데 큰 기여를 했습니다.

A.I.가 대세인 시대에 챗GPT를 활용한 새로운 시도를 하는 것이 어쩌면 조승현의 당연한 선택이라는 생각마저도 듭니다.

조 교수는 시대정신을 꿰뚫어 볼 수 있는 눈을 가지고 있으며, 그 시대정신을 자신만의 관점으로 재해석하고 시대정신에 맞는 커뮤니케이션을 할 수 있는 능력이 있습니다.

2018년 미투 열풍이 불고 있을 때 제7회 지방선거를 3달 앞두고 민주당에 초대형 미투 사건이 발생했습니다. 당시 당대표실에서 저와 함께 회의를 하고 있던 조 교수는 저에게 이렇게 말했습니다.

"대표님, 일체의 정무적 판단과 선거공학은 잊으시고, 오직 두 따님을 둔 어머니의 입장에서만 생각하십시오."

조승현 교수는, 정치공학의 시대의 메시지 전달이 아니라 정치적 옳음^{Political Correctness} 시대의 커뮤니케이션을 해야 한다는 것을 정확하게 알고 있었습니다.

저는 「조승현이 묻고 챗GPT가 답하다! '대한민국 정치의 미래'」의 에필로그 부분을 읽으며 섬뜩한 느낌을 받았습니다.

'우리는 과연 우리가 무엇을 하고 있는지, 어디로 가고 있는지 알고는 있는 것인가?'

저는, 이 책이 새로운 커뮤니케이션 미디어인 인공지능과 관련하여 대두될 담론, 즉 챗GPT의 활용에 대한 준칙 및 부작용에 대한 법적 규제 등 인공지능 규범에 대한 논의를 촉발시킬 것이라 생각합니다.

조승현 교수의 노력과 열정, 그리고 도전정신에 진심으로 경의를 표하며, 「조승현이 묻고 챗GPT가 답하다! '대한민국 정치의 미래'」를 강력 추천합니다. 이 책을 통해 우리는 미래로 향하는 길을 발견할 수 있을 것입니다..

2023년 4월 1일

한결같은 마음으로 민주당을 사랑하는, 제2의 인동초... 추미애

(Prompt) 대한민국 제36대 국무총리이자 더불어민주당 제3대 당대표였던 이해찬님이라면 「조승현이 묻고 챗GPT가 답하다! '대한민국 정치의 미래」 책의 추천사를 어떻게 써줄까요?

저는 민주주의 발전을 위해 끊임 없이 노력해온 인생을 살아왔습니다. 학생운동에 투신하여 반독재 투쟁을 하고 재야인사로서 민주화 운동을 하던 1970년대에 '돌베개 출판사'를 창업했고, 정치에 입문하여 국회의원으로 활동하면서도 '광장서적'이라는 사회과학 전문 서점을 운영하는 등 책과 깊은 인연을 가지고 있습니다.

이러한 삶의 경험을 바탕으로 저는 이 책의 가치를 더욱 확신할 수 있습니다. 「조승현이 묻고 챗GPT가 답하다! '대한민국 정치의 미래'」는 대한민국 정치의 미래에 대한 독창적이고 깊이 있는 분석을 제공하는 중요한 책입니다.

저는 학생운동을 할 때에도 정치에 입문한 후 공직을 맡았을 때에도, 언제나 모진 풍파를 두려워하거나 피하지 않으며 "대한민국 민주화 운동사를 쓴다", "정당발전사와 국가발전사를 쓴다"는 마음가짐으로 치열하게 살았기 때문에, 중심이 흔들리지 않는 사람을 한눈에 알아볼 수 있고, 또 그런 사람을 좋아합니다.

제가 더불어민주당 대표 재임시 상근부대변인으로 공보업무를 담당했던 조승현 교수를 눈 여겨 보았던 이유입니다.

항상 온화한 미소와 부드러운 말투로 저에게 직언을 하는 조 교수는 저에게 강렬한 인상을 주었습니다.

커뮤니케이션 전문가인 조 교수가 이 책을 통해 대한민국 정치의 다양한 이슈에 대한 새로운 시각과 해결책을 제시하여 정치에 관심 있는 독자들에게 통찰력 있는 지식과 이야기를 제공할 것이라 확신합니다.

이 책을 통해 독자들은 대한민국 정치의 다양한 측면을 이해하고, 민주주의의 발전에 대한 희망을 발견하며, 정치의 미래를 이끌어 나갈 수 있는 힘과 지혜를 얻을 수 있을 것이라고 믿습니다.

「조승현이 묻고 챗GPT가 답하다! '대한민국 정치의 미래'」에는 조승현의 꿈이 담겨져 있습니다. 이 책을 통해, 우리가 함께 꿈을 꾸며 마음을 모을 수 있기를 진심으로 바랍니다.

2023년 4월 1일

정치란, 항상 공公을 사私보다 앞세우는 것... 이해찬

(Prompt) 대한민국 제37대 국무총리, 민주통합당 당대표였던 한명숙님이라면 「조승현이 묻고 챗GPT가 답하다! '대한민국 정치의 미래'」 책의 추천사를 어떻게 써줄까요?

2010년, 영화 프로듀서였던 조승현 군을 처음 만났을 때의 기억이 아직도 생생합니다. 긴 머리에 선글라스를 낀 조pd는 저에게 "'나는 가수다'를 꼭 보셔야 합니다. 이것이 정치의 미래입니다!"라고 자신 있게 말했습니다.

저는 '이 친구랑 친하게 지내야겠다!'라는 생각이 들었고 2012년 제가 제19대 국회의원이 됐을 때 의원실 비서관으로 스카우트 했습니다.

조pd는 언제나 남들과 다른 관점에서 세상을 바라 보았는데, 바로 그러한 시각이 우리 민주당에 꼭 필요하다고 생각했기 때문입니다.

실제로 음악뿐만 아니라 정치 분야도 소통구조가 상향식으로 바뀌었고 이러한 문화가 결국 대통령을 탄핵함으로써 헌법을 수호한 대한민국의 민주주의와 국민주권으로 이어졌다는 점에서 조pd의 혜안에 감탄하지 않을 수가 없습니다.

조pd 미디어 환경의 변화에 대한 통찰력을 가지고 있는 사람이었고, 이를 바탕으로 정치에 ICT 기술을 컨버전스 함으로써 민주당을 디지털 정당으로 만들고 정권교체를 이루는데 큰 기여를 했습니다.

제가 여성 정치인으로서 여성운동을 할 때와 여성 정치인으로서 일할 때를 돌이켜보면, 남들이 가지 않았던 길을 새로이 개척했던 경험이 많습니다. 조pd도 마찬가지 입니다. 언제나 그랬듯 조pd는 이번에도 새로운 길을 개척하고 있습니다.

저는 조pd가 현대 ICT기술의 총아라고 할 수 있는 인공지능 챗GPT를 활용하여 책을 썼다는 사실에 놀라지 않을 수가 없었습니다. 조pd는 이 책을 통해 대한민국 정치의 미래에 대한 중요한 질문들을 제기하고, 그에 대한 답을 찾아가는 과정에서 독자들에게 큰 영감을 줄 것이라 확신합니다.

이 책은 대한민국 정치를 되돌아보면서 그동안 놓치거나 간과한 부분들을 조명하고, 새로운 시각과 방향성을 제시합니다. 이러한 노력을 통해 우리 정치의 미래를 위한 건설적인 대화를 촉진하고, 더 나은 사회를 향한 발걸음을 내딛게 도울 것으로 기대합니다.

저는 「조승현이 묻고 챗GPT가 답하다! '대한민국 정치의 미래'」 책을 진심으로 추천합니다. 이 책은 대한민국 정치의 미래에 대한 통찰력과 현명한 판단력을 갖춘 조승현pd의 노력이 빛을 발하는 작품입니다. 독자 여러분들께서도 이 책을 통해 우리 정치의 미래에 대해 다양한 시각과 생각을 나누며, 새로운 길을 찾아갈 수 있기를 바랍니다.

2023년 4월 1일

대한민국 제37대 국무총리 한명숙

(Prompt) 대한민국의 사회학자이자 제20대·제21대·제22대 서울시교육감인 조희연님이라면 「조승현이 묻고 챗GPT가 답하다! '대한민국 정치의 미래'」 책의 추천사를 어떻게 써줄까요?

저는 저자인 조승현 교수를 매우 오랫동안 지켜본 사람으로서, 조 교수의 창의력과 융합적 사고에 대해 잘 알고 있습니다. 언젠가 크게 사고(?)를 치리라고 생각했었습니다.

예상대로, 20대의 청년 조승현은 영화와 인터넷을 융합하여 인터넷 영화관 비즈니스 모델을 개발함으로써 벤처 사업가가 됐으며, 세계최초의 인터랙티브 영화를 제작하여 기네스북에 등재되는 쾌거를 이룸으로써 창의력을 입증했습니다. 당시에 한 언론은 **"영화 탄생 200주년이 되는 날 영화사의 한 페이지에는 뤼미에르 형제 다음으로 조승현·영호 남매를 쓰게 될지도 모른다!"**[7]며 극찬을 하기도 했습니다.

「조승현이 묻고 챗GPT가 답하다! '대한민국 정치의 미래'」는 조승현 교수의 창의력과 융합적 사고를 다시 한번 보여준 작품으로, 조 교수가 인공지능 챗GPT와의 대화를 통해 대한민국 정치에 대한 통

---

7) 2000년 1월 21일 〈스포츠조선〉

찰과 전망을 제공하는, 참신하면서도 매우 도전적인 책입니다.

이 책이 현재의 정치 상황과 미래의 가능성을 탐구하며 독자들에게 새로운 시각과 인사이트를 제공할 것이라 생각됩니다.

대한민국의 민주화를 위한 사회운동에 도전했던 제 인생을 다시 되돌아보게 만들었던 이 책을 통해, 저와 같이 사회 변화를 꿈꾸는 많은 사람들이 대한민국의 정치와 민주주의에 대한 더 깊은 이해와 비전을 얻을 수 있길 바랍니다.

저는 이 책이 정치, 사회, 교육 등 다양한 분야에서 활동하는 모든 분들에게 도움이 되고, 더 나은 미래를 상상하고 구현하는 데 필요한 열린 토론과 소통의 기회를 제공할 것이라고 확신합니다.

이 책을 통해 우리는 대한민국의 정치 발전과 더불어 민주주의를 더욱 성숙하게 발전시킬 수 있는 길을 찾아갈 수 있을 것입니다.

저는 조승현 교수와 챗GPT의 노력과 열정을 진심으로 치하하며, 「조승현이 묻고 챗GPT가 답하다! '대한민국 정치의 미래'」를 강력 추천합니다.

2023년 4월 1일,

다양성이 꽃피는 공존의 대한민국을 위해... 서울시교육감 조희연

제 1 부

(Prompt[8]) 대한민국 정치의 문제점에 대해 진단한다면?

---

8) Prompt : 대화형 인공지능 서비스의 답변을 유도하기 위한 명령어

인공지능 'Midjourney'가 그린 그림

제1장 서론

서론에서는 대한민국 정치의 현재 상황과 이에 따른 문제점을 살펴보고, 이후 각 장에서 이러한 문제들을 좀 더 구체적으로 다루어나갈 것입니다.

1. 대한민국 정치의 문제점에 대한 비판

대한민국은, 지난 100년 동안 제국주의의 침탈과 식민지 수탈, 전쟁, 혁명과 쿠테타 등 온갖 고난과 역경을 겪었음에도 불구하고 이를 극복하고 경제 성장과 민주주의 완성이라는 두 마리 토끼를 동시에 잡아버린, 위대한 나라입니다.

정치 체제와 정치학 이론을 수입하기에 급급했던 정치 후진국 대한민국은, 이제 전 국민이 정치 관련 정보를 실시간으로 공유하고 국가와 헌법에 대해 토론하며 전 세계가 한 번도 경험 못했던 대통령 탄핵 절차를 비폭력적으로 질서정연하게 실현함으로써 정치 선진국에게 진짜 '명예' 혁명이 무엇인지 보여줄 정도의 민주주의 선진국이 됐습니다.

그러나 대한민국 정치 시스템이 상당한 수준에 이르렀음에도 불구하고, 국민들은 정치인과 고위공직자들에 대한 불신과 불만으로 가득합니다.

민주주의가 성숙해진 만큼 국민들의 눈높이도 높아졌기 때문에, 예전에는 어느 정도 눈감아줬던 정치인과 고위공직자들의 탐욕과 이기심, 위선과 '내로남불'에 대해서도 이제는 국민들이 민감하게 반응하고 있습니다.

또한, 사회 시스템이 갈수록 투명해지면서 과거에는 용인되었던 관행들이 사법 규범 안으로 들어와 부패와 비리로 규정되고 있는 추세입니다.

이제 국민들 사이에서 "공직자는 부를 추구해서는 안 된다!"는 컨센서스가 형성되고 있습니다.

정치인들이 부를 추구하면서 축재를 한다면, 정치인들이 입안한 정책을 국민들이 신뢰할 수 있겠습니까?

신자유주의 및 능력주의와 서열주의를 비판하면서 자신은 지방의원-국회의원-장관-당대표-총리-대통령으로 더 올라갈 생각만 하는 정치인들의 말에 과연 영(令)이 서겠습니까?

정치인들이 탐욕을 버려야 위선으로부터 자유로워지면서 국민들로부터 존경받고 정치가 신뢰를 회복하며 정책이 효율적으로 집행됨으로써 국정운영이 성공할 수 있고 국가가 발전할 수 있습니다.

국민들은 공직자들의 전관예우와 기업의 로비, 그리고 국가시스템의 부패가 대한민국 정치를 더욱 악화시키고 있다고 믿습니다.

전관예우는 공직자들이 공직생활 동안 쌓은 인맥과 정보를 활용해 기업에 재취업한 뒤, 정부에 대한 기업의 로비 창구로 전락하는 현상입니다. 이로 인해 공정한 경쟁 환경이 훼손되고, 기업들의 비리와 부패가 적발되기 어려워집니다.

더 나아가, 대통령제의 폐해인 낙하산 인사와 정치 양극화 현상도 대한민국 정치의 문제점으로 지적되고 있습니다.

정권이 교체될 때마다 정부, 공공기관, 공기업은 물론 각종 협회, 민영기업 등에 수만 명의 여당 인사들이 취업하고, 동시에 약 수만 명의 야당 인사들이 실직하는 현상이 벌어집니다.

집권 여당의 국정 운영이 실패해야 야당이 정권교체 여론에 힘입어 집권할 수 있기 때문에, 야당은 '반대를 위한 반대'를 하고 여당 발목잡기에 매진하며 정권 교체를 이루는 데 사활을 겁니다. 집권 여당을 끌어내려야 야당 인사들의 취업이 가능하기 때문입니다.

이로 인해 여당과 야당 간의 적대감이 높아져 협치가 불가능할 뿐만 아니라, 정치 양극화가 심화되고 국민통합이 이루어지지 않으며, 국정 운영에 악영향을 끼치게 됩니다.

이상에서 간략하게 소개한 대한민국 정치의 문제점들은 국민들의 불신과 불만을 증폭시킴으로써 정치 발전을 저해하는 원인이 되고 있습니다. 이러한 문제들을 개선하기 위해서는 정치인들이 정치의 본질에 충실하고 정치인으로서의 책무를 무겁게 받아들여야 합니다. 특히 공직자들의 전관예우 문제를 해결해야 합니다. 또한, 대통령제의 폐해와 정치 양극화를 극복하기 위한 제도적 개선과 정치인들의 자세 개선도 필요합니다.

2. 비판적 접근의 필요성

대한민국 정치의 문제점을 파헤치는 것은 결코 쉬운 일이 아닙니다. 그러나 대한민국 정치의 현 상태를 직시하고, 그 안에 숨겨진 문제점들을 발견하고 철저하게 분석해야만 합니다. 이는 민주주의를 더욱 건강하게 유지하고 정치를 발전시키기 위한 필수적인 과정이기 때문입니다. 비판적 접근을 통해 각종 문제점들을 근본적으로 이해하고, 그 원인과 결과를 파악함으로써 지속적인 개선을 도모할 수 있습니다.

3. 비판적 접근의 목적

(1) 문제의식 고취

대한민국 정치의 문제점들을 깊이 있게 탐구하고 비판적으로 접근함으로써, 국민들과 정치인들의 문제의식을 고취시키고자 합니다. 이를 통해 적극적인 관심과 참여를 이끌어내어, 건강한 정치 문화의 정착과 발전을 촉진할 수 있습니다.

(2) 체계적인 해결방안 마련

비판적 접근을 통해 대한민국 정치의 다양한 문제점들을 체계적으로 분석하고, 더 나아가 실질적인 해결방안을 제시하고자 합니다. 이를 통해 정치를 건강한 발전시키고 정치문화를 개선할 수 있습니다.

(3) 민주주의의 발전과 강화

비판적 접근을 통해 대한민국 정치의 문제점들을 개선하고 민주주의 원칙에 입각한 발전을 도모하고자 합니다. 민주주의의 가치를 지키고 실천하는 정치를 통해, 국민들의 기본권을 보장하고 복지를 증진시킬 수 있습니다.

(4) 지속적인 자기성찰과 개선

대한민국 정치의 문제점에 대한 비판적 접근은 정치인들과 국민들 모두에게 지속적인 자기성찰과 개선의 기회를 제공합니다. 이를 통해 정치의 본질과 가치를 되짚어보고, 건설적인 변화를 이끌어낼 수 있습니다.

4. 소결

본 장에서는 대한민국 정치의 현주소와 문제점을 간략하게 소개하였으며, 비판적 접근의 필요성과 목적을 설명하였습니다. 이러한 비판적 접근을 바탕으로, 이후 각 장에서는 대한민국 정치의 주요 문제점들에 대해 더욱 심도 있게 다루어 나갈 것입니다.

제2장에서는 정치의 본질과 정치인의 본성 사이의 괴리에서 나오는 위선과 '내로남불'에 대해 살펴보고, 제3장에서는 공직자들의 전관예우와 국가시스템의 부패에 대해 살펴보며, 마지막으로 제4장에서는 대통령제의 폐해와 정치 양극화 문제를 분석해보겠습니다.

대한민국 정치가 직면한 문제점들을 명확히 인식하고, 이러한 문제점들이 대한민국 정치문화에 어떠한 영향을 미치고 있는지, 그리고 어떻게 개선해 나갈 수 있는지에 대한 논의를 통해 대한민국 정치의 미래와 혁신을 위한 방향을 함께 생각해보고자 합니다.

제2장 위선僞善과 '내로남불내가 하면 로맨스, 남이 하면 불륜'

1. 정치의 본질과 정치인의 본성 사이 괴리

대한민국 정치의 주요 의제Agenda 중 하나는 바로 정치인들과 고위 공직자들의 위선과 '내로남불' 행태입니다.

'내로남불'이란, 나의 잘못된 행동에는 관대하게 대하고, 남의 잘못된 행동에는 비판적으로 대하는 심리와 언행을 의미합니다.

여의도에서 가장 위선적인 단어는 '자기 정치'입니다. 모두 다 자기를 위해 정치를 하고 있으면서 남이 하는 정치 행위에 대해서는 "자기 정치 한다!"며 비아냥거리는 것입니다. 정치인들의 의식구조 속의 '내로남불' 불감증이 얼마나 심각한지를 보여줍니다.

이러한 문제점들은 정치의 본질과 정치인의 본성 사이의 괴리에서 비롯되는 것입니다.

정치의 본질은, 공동체 구성원들이 계급·계층·지역·직종·세대·젠더 등으로 나뉘어 분출하는 다양한 요구를 조정하고 다원적으로 충돌하는 갈등을 해소하기 위해 정책 입안·결정·집행을 통해 공동체의 물리적·정신적 가치를 공정하게 배분하는 것이고, 이를 통해 공동체의 정의가 실현되어야 합니다.

정치인은 공동체 구성원들을 위해, 국민의 이익을 위해 존재하는 것입니다. 그러나 우리가 실제로 마주하는 정치인들은 대부분 자신들의 특권과 기득권을 지키기 위한 싸움에만 몰두하고 있기 때문에 "대한민국에서 가장 욕망이 강한 사람들 300명이 여의도에 모여있다"는 말까지 나옵니다.

정치에 대한 개념 중 가장 많이 통용되는 개념은 "권위를 바탕으로 공동체를 위해 가치를 배분하는 과정[9]"입니다. '배분'은 양보를 전제로 하는 개념입니다.

"다주택자는 종부세를 내십시오!"
"대입 입시에서 5%는 지역인재 특별전형으로 하겠습니다!"

정치란 특정 공동체 구성원의 양보를 전제로 하는 것이며, 따라서 정치인은 그 특정인에게 양보할 것을 요구하거나 강제해야 합니다.

그러나 '양보'를 말할 수 있는 자격이 있는 정치인들은 거의 없습니다. 정치인의 사전에 '양보'란 없기 때문입니다.

정치란 가장 욕망이 강한 사람들이 할 수 있는 일입니다. 그 욕망이 '권력의지'라고 포장되기까지 합니다. 정치인은 체질적으로 양보라는 것을 절대 할 수가 없습니다. 양보의 미덕이 있는 사람은 선거에서 결코 승리할 수가 없을 것입니다. 선거라는 것 자체가 "내가 당선 되게 하거나, 다른 사람이 당선 되지 못하게 하는 행위[10]"이기 때문입니다.

선거에서 공직 후보자를 추천하는 것을 '공천公薦'이라고 하지만, 알고 보면 내 편만 추천하고 내 편이 아니라면 걸러내는 '사천私薦'입니다. 사실상 '줄세우기 아니면 죽이기'인 복마전[11]을 '시스템 공천'으로 포장하는 위선이 바로 정치인들이 하고 있는 일입니다.

---

9) David Easton (1965) "Authoritative Allocation of Values for the Society"
10) 공직선거법 제58조 (선거운동의 정의)
11) 伏魔殿 : 마귀가 몸을 숨기고 있는 궐. 비리·부패·음모가 벌어지고 있는 공간·조직

2. 위선과 '내로남불' 사례

고위공직자, 특히 국회의원은 욕망을 자제해야 합니다. 절대 재산증식을 해서는 안 됩니다. 부동산 투자는 물론 주식이나 코인을 통해 돈을 벌 생각도 해서는 안 됩니다. 이해충돌 문제도 있을 뿐만 아니라 남들보다 정보를 많이, 빨리 알 수 있기 때문에, 오해를 사지 않기 위해서라도 투기는 물론 투자조차도 해서는 안 되는 것입니다.

헌법과 국회법은 '국회의원이 탐욕을 부려서는 안 된다'고 명확하게 규정하고 있습니다.

※ 헌법

제46조　① 국회의원은 청렴의 의무가 있다.
　　　　② 국회의원은 국가이익을 우선하여 양심에 따라 직무를 행한다.

※ 국회법

제29조의2 (영리업무 종사 금지) ① 의원은 그 직무 외에 영리를 목적으로 하는 업무에 종사할 수 없다.

(1) 국회의원의 특권

무제한 연임

광역·기초단체장의 경우에는 3선까지 밖에 못하도록 제한을 두고 있는데 국회의원은 무제한 연임 가능합니다. 9선까지 연임하며 36년 동안 재임한 경우도 있습니다.

정책지원 인력 독점

국회의원은 정책지원 인력^{보좌관}을 9명¹²까지 둘 수 있습니다. 그러나 지방의원에게는 0.5명의 정책지원 인력을 허용해주고 있습니다. 그나마 최근에 지방자치법이 개정됨에 따라 지방자치 실시 30여년 만에 지방의회 정책지원관 제도가 신설되어 이 정도인 것입니다.

'지방의원의 역량이 강화되면 국회의원 자리를 넘볼 것이라는 걱정'에, 국회의원과 지방의원 간의 격차가 벌리기 위한 꼼수를 부린 것입니다. 지방의원들은 제대로 된 정책 입안에 어려움을 겪게 되고, 업무역량은 떨어질 수밖에 없습니다.

국회의원들이 지방의원의 정책 역량을 키워줌으로써 시민과 구민에 대한 봉사를 더 잘 할 수 있도록 도와줄 생각을 하는 것이 아니리, 국회의원의 특권을 통해 기득권을 유지할 생각만 하는 것입니다.

국회의원이 입법권을 가지고 있기 때문에 국회의원 마음대로 기득권 사수를 할 수 있습니다.

국회의원과 원외 인사와의 차별

지역구 국회의원은 지역위원장으로서 지역위원회 사무실을 내고 직원도 둘 수 있지만, 국회의원이 아닌 원외 지역위원장은 지역위원회 사무실을 낼 수 없습니다. 국회의원인 지역위원장들이 국회의원이 아닌 지역위원장들보다 훨씬 유리한 위치에서 정치활동을 하고 있는 것입니다.

국회의원이 아닌 신인 정치인들은 '지역당 도입' 등 국회의원들의

---

12) 4급 보좌관 2명, 5급 선임비서관 2명, 6·7·8·9급 비서관 각 1명, 인턴 1명

특권과 불공정에 대해 시정하는 정치개혁을 해야 한다고 주장하지만, 입법권을 가지고 있는 국회의원들은 이를 차일피일 미루며 수십 년째 하지 않고 있습니다.

세비 인상 등 국회의원의 특권을 지키기 위한 일은 신속하게 입법을 하지만, 지역당 제도 등 정치개혁은 국회의원의 기득권을 내려놓는 일이기 때문에 소극적입니다.

국회의원들의 후원금 독점적 모금 및 사적 사용

국회의원은 1년에 1억 5천만 원의 후원금을 기부 받을 수 있고, 선거가 있는 해에는 3억 원의 후원금을 모금할 수 있습니다. 그러나 국회의원이 아닌 정치인은 평소에는 후원금을 기부 받을 수 없고 선거에 출마할 경우에만 선거 직전 120일 동안에만 후원금을 기부 받을 수 있습니다.

대부분의 국회의원들은 후원금을 정책 개발과 지역위원회 발전을 위해 사용하기 보다는 재선을 위해 사적으로 이용하고 있습니다.

국회의원 임기 4년간 자신들만 독점적으로 9명의 보좌 직원을 두고, 자신들만 지역위원회 사무실을 내고 후원금을 모금합니다.

국회의원들은 지역위원장만 홍보용 현수막을 걸 수 있고 다른 사람들은 현수막을 걸 수 없도록 제도를 만들어 특권을 누리고 있습니다. 국회의원은 국민이 낸 세금과 당원들이 낸 당비로 현수막을 걸어 자기를 홍보하면서, 정치 신인들이 자비로 현수막을 걸면 행정기관에 신고하여 떼어버리게 합니다. 당의 정책 홍보를 위한 현수막이라는 취지를 망각한, 치졸하고 탐욕스러운 행태를 보입니다.

국회의원들이 이러한 특권들을 이용하는 것은, 잠재적인 도전자들의 입장에서는 매우 불공정한 것입니다.

따라서 현행 선거제도 하에서 기성 정치인들이 '청년정치'를 말하는 것은 양두구육[13]의 위선입니다.

그러나 국회의원 중 초선의원이 30~40%를 차지하는 것을 보면, 이러한 국회의원들의 특권과 불공정에도 불구하고 국회의원 중 30~40%는 물갈이가 된다는 것입니다. 유권자들이 이러한 기득권 정치 현실에 실망했기 때문입니다.

대한민국 대통령 선거 때마다 오랜 정치 경력을 바탕으로 대세론을 유지하는 후보보다 새롭게 등장한 뉴-페이스[New-Face] 후보가 최종적으로 국민의 선택을 받는 경우가 많습니다. 이렇게 유권자들이 뉴-페이스를 좋아하는 것도 마찬가지로 기득권에 얽매이지 않은 참신한 정치인을 갈구하는 심리에 기인합니다.

(2) 세금 도둑질

특수활동비 및 업무추진비 남용

정치인들은 입만 벌리면 '청년 정치', 'MZ와 소통'을 말합니다. 그러나 그 청년들은 취업을 못해서 새벽까지 아르바이트를 하며 월세 걱정에 밥 한 끼도 제대로 못 사먹는데, 정치인 등 고위공직자들은 최고급 한정식집이나 일식집에서 오찬과 만찬을 즐깁니다. 청년들이 낸 세금으로...

---

13) 羊頭狗肉 : 앞에서는 양 머리를 걸어놓고 뒤로는 개 고기를 판다는 뜻으로, 겉은 그 럴듯하게 보이지만 속은 변변치 아니한 경우를 말함

최고급 승용차 사용

정치인들은 입만 벌리면 '서민의 편', '서민의 정당'을 말합니다. 그러나 그 서민들은 불볕더위의 한여름이든 칼바람 부는 한겨울이든 뚜벅뚜벅 '만원버스', '지옥철' 타고 다니는데, 정치인들은 최고급 자동차인 제네시스를 타고 다닙니다. 서민의 세금으로...

2016년 5월 제20대 국회의원 임기 시작을 앞두고 국회 의원회관으로 배송되는 제네시스

불필요한 외유성 해외출장

정치인들은 입만 벌리면 '저출생'과 '인구 절벽'을 말합니다. 그러나 혼인 적령기의 국민들이 신혼여행은커녕 결혼조차 꿈꾸지 못하는데, 정치인들은 틈만 나면 외유성 해외출장을 다닙니다. 국민들의 세금으로...

(3) 부동산 '내로남불'

정치인들은 입만 벌리면 '국토 균형발전'과 '인구 소멸'을 말합니다. 그러나 지방의 기업은 점점 줄어들고 지방의 대학도 하나 둘 문을 닫고 있는데, 정치인들은 서울에, 강남에 아파트를 가지고 있습니다. 심지어 본인의 지역구에선 전·월세를 살면서 서울 강남에 아파트를 소유하고 있는 국회의원도 있습니다. 서울 아파트 가격이 천정부지로 치솟고 있는 것은 이러한 행태와 결코 무관하지 않습니다.

국회의원 스스로가 수도권 집중이 가속화 되는데 기여를 하고 있는데, 아무리 국토 균형발전을 이루고 인구 소멸을 막을 수 있는 좋은 정책을 수립한다고 해도 그 정책이 국민들로부터 신뢰를 받거나 그 법이 효과적으로 집행되는 실효성을 가질 수는 없을 것입니다.

부동산 '내로남불'을 입법을 통해 명문화한 사례도 있습니다. 국회법은 국회의원의 의무에 대해 규정하고 있는데, 유일한 예외를 두고 있습니다. 그것은 바로 "토지·건물 등의 재산을 활용한 임대업 등 영리업무"입니다.

※ 국회법

제29조의2 (영리업무 종사 금지) ① 의원은 그 직무 외에 영리를 목적으로 하는 업무에 종사할 수 없다. **다만, 의원 본인 소유의 토지·건물 등의 재산을 활용한 임대업 등 영리업무를 하는 경우로서 의원 직무수행에 지장이 없는 경우에는 그러하지 아니하다.**

(4) 갑질과 성범죄

국회의원들은 입만 벌리면 '인권'과 '노동권'을 말합니다. 그러나 어떤 국회의원은 자신을 보좌하는 직원들에게는 함부로 대하고, "내일부터 나오지마!"라며 하루아침에 해고하기도 하고, 심지어 성희롱이나 성추행 등 성범죄를 저지르기도 합니다.

이러한 정치인들의 위선과 '내로남불'로 인해 국민들의 정치에 대한 불신과 혐오가 증폭되고 있습니다.

3. 소결

대한민국 정치의 현 주소와 문제점은 정치의 본질과 정치인의 본성 사이의 괴리에서 나오는 위선과 '내로남불'에 근간을 두고 있습니다.

상술한 대한민국 정치의 문제점들은 정치의 투명성과 공정성을 저해하며, 권력의 부패를 촉진시키기도 합니다. 이로 인해 국민들은 정치의 기능을 의심하게 되고, 정치를 불신하는 사회 분위기가 형성됩니다.

이를 개선하기 위해서는 정치인들이 국민의 이익을 최우선으로 생각하고, 행동하는 태도가 필요합니다. 또한, 정치인들 스스로가 자신의 이익과 권력을 추구하는 것이 아니라, 국민들의 삶의 질 향상을 위해 노력해야 합니다.

광역·기초단체장의 경우와 마찬가지로 국회의원에게도 3선 제한을 도입해야 합니다. 고인 물이 썩듯이 권력도 오래될수록 부패해질수밖에 없습니다. 동일 지역구 3선 제한 등의 제도를 통해 신인 정치인에게 양보를 하고 더 큰 정치를 하는 모습을 보일 때 정치인들이 국민의 신뢰를 회복할 수 있을 것입니다.

국회의원들이 받는 업무추진비와 당원들의 후원금 공적인 목적, 즉 정책 개발과 지역위원회 발전을 위해 사용하도록 해야 합니다.

국회의원 및 고위공직자들이 국민의 세금으로 최고급 자동차인 제네시스를 타고 다니는 것은 명백한 세금도둑질입니다. 과도한 차량 렌트비 지출을 제한함으로써 친환경 경차를 이용하도록 해야 하며, 차량 사용 내역을 정기적으로 공개하여 사적으로 이용하지 못하도록 해야 합니다.

국회의원들의 해외출장 기준을 강화하여 공식 행사나 국제회의와 같은 중요한 행사에만 참석하도록 제한하고, 출장의 목적과 결과 및 출장비 지출 내역을 투명하게 공개할 필요가 있습니다. 또한, 국민들이 이러한 정보를 쉽게 확인할 수 있도록 하는 제도적 개선이 필요합니다.

국회의원들에게 부적절한 세금 사용 금지 및 업무추진비 사용에 대한 투명성과 책임감을 강조하는 교육을 하고, 업무추진비 사용 내역을 정기적으로 공개하도록 하고 당원들의 후원금 사용에 대해서도 투명한 예산 집행을 위한 기준이 필요합니다. 또한 공개된 세금 사용 내역 정보에 국민들이 쉽게 접근할 수 있도록 하는 제도를 마련해야 합니다.

국회의원이 본인의 지역구 외의 지역에 주택을 소유하고 있거나 거주하는 것은 국민에 대한 예의가 아닙니다. 국회의원은 본인의 지역구 외의 지역에 주택 등 부동산을 소유할 수 없도록 규범을 만들어야 합니다.

국회의원은 자신의 돈으로 보좌 직원들을 고용하는 것이 아닙니다. 보좌 직원들의 급여는 국민의 세금에서 지급되는 것이므로 보좌직원에게 절대로 함부로 대해서는 안 되며, 개인적 심부름이나 운전 등 사적인 업무를 하게 해서는 안 됩니다.

이러한 변화를 통해 대한민국 정치는 위선과 '내로남불'에서 벗어나, 국민들의 이익을 중심으로 한 건강한 정치로 발전할 수 있을 것입니다. 국민들의 참여와 요구가 끊임없이 이루어지는 한, 대한민국 정치의 미래는 밝은 전망을 갖게 될 것입니다.

제3장 공직자들의 전관예우前官禮遇와 국가 시스템의 부패

1. 전관예우의 정의

전관예우란, 전직 관리에 대해 예우를 하는 관행이란 뜻으로, 공직에 있었던 인물이 퇴임 후 대형 로펌의 고문이나 기존 업무와 연관된 대기업에 재취업한 뒤 전관의 지위를 이용하여 기업의 로비스트로 활동하는 행위입니다.

심지어 기업으로부터 로비를 받아 뇌물을 먹은 공직자를, 그 로비한 기업에서 재취업 시켜주는 경우도 있습니다. 이러한 과정에서 '비리가 문제가 되어 파면 당하게 되더라도 내가 챙겨준 기업으로 가면 되니 걱정 안 해도 된다.'는 마인드가 공직자들 사이에서 퍼지게 되며, 이는 결국 국가 시스템을 망가뜨리는 결과를 초래합니다.

법원·감사원·금융감독원, 공정거래위원회, 검찰·경찰·국세청 등 사정기관이나 고용노동부·기획재정부·외교부·정보통신부·통상산업자원부·환경부, 방송통신위원회 등 정부부처의 공직자들이 공익을 위한 봉사가 아니라 사익을 위해 공직을 활용하고, 공직생활 동안 쌓은 인맥과 정보를 기업에 팔아 넘기며, 공익을 위한 방패로써 사용해야할 법해석·적용 기술과 수사·소송 노하우를 공익을 해치기 위한 창으로 사용하는 전관예우는, 부패·비리 행위일 뿐만 아니라 시장의 공정성과 정치·경제 시스템의 투명성을 해치고 국가발전을 저해하는 범죄행위입니다.

나아가 대기업이나 대형로펌 등 경제적 강자의 편에 서서 사회적 약자가 누려야 할 이익을 빼앗는 데 앞장서는 것은 공직자로서의 직업윤리를 배신하는 부도덕한 행위입니다.

예컨대, 변호사가 전관예우를 통해 강간범이나 위력에 의한 간음 범죄자를 영상실질심사에서 불구속 수사로 풀려나게 만들고 나아가 무죄나 무혐의 처분을 받게 해준다면, 이는 반성 없는 성범죄자를 잠재적 재범으로 만드는 일입니다. 강간 또는 위력에 의한 간음 피해자에게 2차가해를 하면서 고액 변호비를 챙기는 것과 마찬가지입니다.

또, 국세청 출신 전관이 재벌기업의 상속과정에서 발생한 탈세에 대한 추징금을 전관예우를 통해 감액해줬다면, 노숙자나 밥을 굶고 있는 취약계층 어린이에게 쓰여야 할 세금을 자신의 고액 수임료로 빼돌리는 것과 마찬가지입니다.

2. 전관예우 사례

과거 군사독재 시절에는 대한민국의 재벌기업들이 군사정권에 막대한 불법정치자금을 제공하는 등 정경유착을 통해 특혜를 누렸다면, 민주화 이후에는 교묘한 방법으로 정·관계 로비를 하며 기업의 이익을 극대화 하고 있습니다.

즉 기업이, 법원·감사원·금융감독원, 공정거래위원회, 검찰·경찰·국세청 등 사정기관이나 고용노동부·기획재정부·외교부·정보통신부·통상산업자원부·환경부, 방송통신위원회 등 정부부처의 공직자들을 영입하고 로비스트로 활용하여 정부에 영향력을 행사함으로써 정부로부터 인·허가 또는 정보를 얻어내거나, 국회의원에게 규제완화 입법을 청탁하거나, 노사분규 또는 산재신청 등 노동자의 권리와 기업의 이익이 충돌하는 경우 정부가 기업에 유리한 처분을 하도록 만드는 것입니다.

연봉 10억원이 넘는 변호사들을 100명 이상 두고 있는 대형로펌 역시 전관예우를 최대한 활용하고 있습니다. 전직 부장판사나 검사장 출신 법조인을 기업으로 영입해, 배임·횡령·갑질·성범죄 등 혐의로 수사 또는 재판을 받고 있는 오너의 리스크 매니지먼트 역할을 맡기는 것이 바로 그 예입니다.

이러한 대형 로펌들은 "누구든지 변호인의 조력을 받을 권리를 가진다."는 헌법 제12조를 방패 삼아 '먹튀 사모펀드' 론스타, 일제 강제징용 피해 보상금을 거부하는 일본 전범기업, 가습기 살균제 사망사건을 일으켰던 옥시-레킷벤키저 등 경제적 강자의 편에 서서 사회적 약자의 권리를 짓밟는 일에 앞장서는데, 이를 위해 국무총리, 고용노동부·기획재정부·외교부·정보통신부·통상산업자원부·환경부 장관, 감사원장, 공정거래위원장, 금융감독원장 등 기업 관련 규제·감독 기관 출신 고위공무원들에게 거액의 고문료를 주며 로비스트로 활용하고 있습니다.

심지어 신입 변호사 채용시 고위 공무원, 대기업 임원, 고위직 판검사, 대형병원 의사, 유력 정치인, 유력 기업인, 유명 대학교수 등의 금수저 자녀를 우대하는 것으로 알려져 있습니다.

3. 전관예우의 문제점

국가가 변호사, 의사, 관료 등 전문직 종사자들에게 그들의 전문 분야에서 독점할 수 있는 권리를 주는 이유는, 변호사 또는 의사 자격증을 취득하거나 행정고시에 합격한 사람이 똑똑하거나 성실하게 노력했기 때문이 아니라, 전문직 종사자들이 공공 서비스 제공을 위해 필요한 사람들이기 때문입니다.

전문직 종사자들은, 사법제도나 의료시스템 또는 행정 등 공공의 이익을 위해 봉사하는 것을 전제로 국가로부터 독점적 권리를 인정받은 집단이며, 그렇기 때문에 고액의 보수를 받고 명예를 누리는 것입니다.

따라서 변호사나 의사와 같은 전문직 종사자들은 탐욕스러운 행동을 해서는 안 되며 항상 개인적인 이익보다 공공의 이익을 더 중요시해야 합니다. 그것이 바로 전문직 종사자들의 존재 이유이자 목적입니다.

전관예우는, 공직자 또는 전문직 제도의 취지를 훼손할 뿐만 아니라 공직자 또는 전문직 종사자의 직업윤리를 왜곡시키는 행위입니다.

4. 전관예우 관련 판례

2015년, 대법원은 "수사·재판의 결과를 금전적인 대가와 결부시킴으로써, 기본적 인권의 옹호와 사회정의의 실현을 사명으로 하는 변호사 직무의 공공성을 저해하고, 의뢰인과 일반 국민의 사법제도에 대한 신뢰를 현저히 떨어뜨릴 위험이 있다."며 형사 성공보수 약정이 무효라는 판결을 내림으로써 법조계의 전관예우 관행에 대해 경고를 했습니다.

2020년, 사법정책연구원도 「해외의 전관예우 규제사례와 국내 규제방안 모색」 보고서에서 "전관예우로 인한 사법 불신이 심각한 상태다. 전관 변호사의 개업 후 얻을 소득을 줄이는 방안을 우선적으로 고려해야 한다. 전관 변호사들의 개업을 막거나, 개업을 막지 못했다면 특정 사건을 수임하지 못하도록 해야 한다."며 법조계 전관예우 관행을 막을 방법을 제안했습니다.

5. 소결

사회 시스템이 점점 투명해지고 국민들이 공직자에게 더욱 높은 청렴성을 요구하게 됨에 따라 국무총리나 장관 등 고위공직자 청문회에서 전관예우에 대한 논란이 끊이질 않고 있으며 전관예우 문제로 낙마한 경우도 많이 있습니다.

전관예우와 국가 시스템의 부패는 대한민국 정치의 심각한 문제점 중 하나로, 투명하고 공정한 사회를 실현하기 위해 반드시 해결해야 하는 과제입니다.

전관예우라는 비리와 부패를 근절하기 위해서는, 공직자들이 퇴임 후, 그동안 담당했던 업무와 관련된 기업 또는 로펌에 아예 취업할 수 없도록 해야 합니다. 공익을 위해 배운 법 해석 및 적용 기술과 수사·소송 노하우 등 정보와 경험을 학교나 취업교육센터 등에서 후학 교육에 사용할 수 있도록 장려해야 합니다.

공직자들의 재취업 정보와 퇴직 후 10년 간 재산 변동 현황을 투명하게 공개하는 제도를 도입하고, 퇴임 공직자들의 재취업 정보와 재산 변동을 공개할 수 있도록 해야 합니다. 국민들의 감시와 비판을 통해 공직자들이 국민의 것을 도둑질하지 못하도록 해야 합니다.

공직자들에게 **"당신이 똑똑하거나 성실하게 노력하는 등 능력이 있기 때문에 공직을 맡게 된 것이 아니라 단지 운이 좋았기 때문에 국민들과 공익을 위해 일할 수 있는 기회를 얻었을 뿐이며, 국가와 국민이 공공 서비스 제공을 전제로 당신에게 권력을 위임하고 안정적인 삶과 명예를 누릴 수 있도록 해주는 것이므로, 공직자는 국민의 공복公僕으로서 겸손하고 검소하게 살아야 한다."** 라는 교육을 통해 엘리트 의식을 버리고 공적인 마인드를 갖도록 해야 합니다.

이러한 제도적 개선과 처벌 강화, 공직자들의 의식 개선을 통해 국가 시스템의 부패를 막아 시장의 공정성과 정치·경제 시스템의 투명성 회복 및 국가발전에 기여할 수 있습니다.

제4장 낙하산 인사와 정치 양극화

대한민국 대통령제는 집중된 권력을 가진 대통령이 지도력을 발휘하여 효율적인 국정 운영이 가능하다는 장점이 있지만, 동시에 그로 인한 역기능이 많습니다.

이러한 제왕적 대통령제는 대한민국의 정치 체계와 문화에 깊은 영향을 미칩니다. 대통령이 지나치게 많은 권한을 가지고 있는데, 이러한 권한의 집중은 국가의 최고 지도자에게 힘과 권력을 부여하지만, 그와 동시에 정치 양극화와 증오와 저주의 정치 문화를 부추기기도 하며, 이로 인해 사회 통합과 국가 발전이 저해되기도 합니다.

1. 낙하산 인사로 인한 세금 낭비 및 공기업 부실화 문제

낙하산 인사란, 정치권력을 이용하여 기존의 조직구조와 인사시스템을 무시하고 특정 인물을 고위직에 배치하는 것을 의미합니다.

대한민국에서 대통령과 그의 측근들은 정부, 공공기관, 공기업 등에 낙하산 인사를 하고 있고, 심지어 각종 협회, 포스코나 KT와 같은 민영기업 등의 사장과 임원진 인사에도 개입하여 영향력을 행사하고 있습니다.

많은 정치인들이 야당일 때는 대통령의 낙하산 인사에 대해 맹렬히 비판하다가 집권 여당이 되는 순간 어떻게든 낙하산을 타고 정부기관이나 공공기관·공기업 임원으로 가기 위해 대통령과 청와대에 로비를 하는 모습을 보입니다. 이 또한 '내로남불' 사례이기도 합니다.

공공기관·공기업 낙하산 인사로 인한 피해는 모두 국민에게 돌아가고 있습니다.

낙하산 인사는 인사 과정에서의 불공정성과 인사 정치화를 초래하며, 전문성과 역량을 무시한 인사가 이루어짐에 따라 공공기관·공기업은 부실해질 수밖에 없습니다. 공공기관·공기업 임원들의 관심이 염불보다는 제삿밥에 있기 때문입니다.

즉 공공기관·공기업의 사장·이사·감사 등 대부분의 낙하산 임원들은, 공공기관·공기업의 사회적 역할 또는 조직의 발전보다는 고액 연봉과 법인카드 제공, 고급차량과 기사 제공 등에 관심이 있고, 기회만 있다면 언제든지 직을 버리고 정치판으로 돌아갈 사람들입니다.

정권 교체 때마다 '대통령과 국정철학을 같이 하는 사람'이라는 명분으로 공공기관·공기업 고위직에 낙하산 타고 오는 인사들은, 대부분 국민의 세금을 축내는 존재이며, 공공기관·공기업 임직원 연봉인상과 성과급 잔치 등 도덕적 해이를 조장하기도 합니다.

낙하산 인사들은 정치 성향에 따라 정책이나 업무를 운영할 가능성이 높고, 이로 인해 공공기관·공기업 내에서도 정치 성향에 따른 갈등이 발생할 수도 있습니다.

공공기관·공기업에서 열심히 일했던 직원들 중에서 경영진과 임원을 선출하는 방식으로 제도를 개선한다면, 직원들도 훨씬 열심히 일할 것이며 따라서 공공기관·공기업이 훨씬 더 역동적인 조직이 되고 효율적인 경영이 가능할 것입니다.

2. 정치 양극화의 심화

낙하산 인사로 인한 폐해 중 하나는 정치 양극화의 심화입니다. 정권이 교체될 때마다 정부, 준 공공기관, 공기업, 각종 협회, 민영기업 등에 수만 명의 여당 인사들이 취업하고, 동시에 수만 명의 야당 인사들이 실직하는 현상이 벌어집니다.

이러한 현상은 정치인들 사이에 불필요한 경쟁과 적대감을 조장하며, 국정 운영에 악영향을 끼칩니다.

집권 여당의 국정 운영이 실패해야 야당이 정권교체 여론에 힘입어 집권할 수 있기 때문에, 야당은 '반대를 위한 반대'를 하고 여당 발목잡기에 매진하며 정권 교체를 이루는 데 사활을 겁니다. 집권 여당을 끌어내려야 야당 인사들의 취업이 가능하기 때문입니다.

겉으로는 "문재인 대통령이 성공한 대통령이 되길 바란다", "윤석열 정부가 잘 돼야 대한민국이 잘되기 때문에 윤석열 정부가 성공하길 바란다"고 해도, 그저 레토릭일뿐 속으로는 상대 당이 실패하고 망하길 바랄 수밖에 없습니다. 그래서 야당의 역할인 비판과 견제를 넘어서 증오와 저주를 퍼붓고 있는 것입니다.

여당은 여당대로 야당을 대화와 타협의 상대로 생각하는 것이 아니라 제거해야 할 정적으로 생각합니다. 여당 인사들도 실직을 하지 않기 위해 목숨 걸고 싸울 수밖에 없기 때문입니다. 이 과정에서 협치는 실종될 수밖에 없습니다.

여·야 권력투쟁 및 정권교체는 민주주의 시스템의 필연적 결과이긴 하지만, 상대방이 실패하고 망하기만 기원하는 제로썸$^{Zero-Sum}$의 이분법적 정치가 국민통합과 국가발전의 걸림돌인 것도 사실입니다. 제왕적 대통령제의 가장 큰 폐해입니다.

3. 소결

낙하산 인사 문제와 이로 인한 정치 양극화 심화 문제를 해결하기 위해서는, 대통령의 인사 권한을 제한하고, 의회의 승인을 통해 인사가 이루어지도록 하는 방식을 도입해야 하며, 국회의원들이 더 책임감 있게 역할을 수행하며 입법, 감사, 예산 심의 등에서 더 적극적으로 활동하도록 해야 합니다.

공공기관·공기업의 기관장이나 이사들을 해당 공공기관과 공기업에서 계속 일했던 사람 중에서 선출해야 합니다. 해당 공공기관·공기업에 대해 잘 알고 성실하게 일했던 직원들이 조직운영을 맡는다면, 직원들에게도 동기부여가 되기 때문에 더욱 열심히 일할 것이며 따라서 공공기관·공기업이 훨씬 더 역동적인 조직이 되고 효율적인 경영이 가능할 것입니다.

정부, 공공기관, 공기업 등의 개방직 공무원 공채에서, 특정인을 임용하기로 내정해놓고 그에게 유리한 맞춤식 채용요건을 정한다든지, 특정인을 임용하도록 심사과정에 개입한다든지 하는 것은 엄연한 불법이므로 이에 대한 처벌을 강화해야 합니다.

이상의 대안들을 통해 대한민국의 정치문화와 제도를 개선하면 정치 양극화를 완화시킬 수 있습니다. 이러한 변화는 반대를 위한 반대와 증오와 저주의 정치 문화를 줄이고, 국민들의 정치에 대한 신뢰를 회복하며, 더 건강한 민주주의를 구축하는데 기여할 것입니다.

※ 대통령과 그의 측근들이 낙하산 인사를 하는 공기업과 공공기관

㈜강원랜드, 한국가스공사, 한국남동발전㈜, 한국남부발전㈜, 한국동서발전㈜, 한국서부발전㈜, 한국석유공사, 한국수력원자력㈜, 한국전력공사, 한국중부발전㈜, 한국지역난방공사, 인천국제공항공사, 한국공항공사, 한국조폐공사, 그랜드코리아레저㈜, 한국마사회, 대한석탄공사, ㈜한국가스기술공사, 한국광해광업공단, 한국전력기술㈜, 한전KDN㈜, 한전KPS㈜, ㈜에스알^{SR}, 제주국제자유도시개발센터, 주택도시보증공사, 한국도로공사, 한국부동산원, 한국철도공사, 한국토지주택공사, 해양환경공단, 한국방송광고진흥공사, 한국수자원공사, 국민체육진흥공단, 한국무역보험공사, 국민연금공단, 근로복지공단, 기술보증기금, 중소벤처기업진흥공단, 신용보증기금, 예금보험공사, 한국자산관리공사, 한국주택금융공사, 공무원연금공단, 한국장학재단, ㈶우체국금융개발원, ㈶우체국물류지원단, 한국방송통신전파진흥원, 한국연구재단, 한국인터넷진흥원, 한국지능정보사회진흥원, 한국국제협력단^{KOICA}, 한국관광공사, 축산물품질평가원, 한국농수산식품유통공사, 한국농어촌공사, 대한무역투자진흥공사^{KOTRA}, 한국가스안전공사, 한국산업기술진흥원, 한국산업기술평가관리원, 한국산업단지공단, 한국석유관리원, 한국에너지공단, 한국원자력환경공단, 한국전기안전공사, 한국전력거래소, 건강보험심사평가원, 국민건강보험공단, 한국사회보장정보원, 국립공원공단, 국립생태원, 한국환경공단, 한국환경산업기술원, 한국고용정보원, 한국산업안전보건공단, 한국산업인력공단, 한국장애인고용공단, 국가철도공단^{KR}, 국토안전관리원, 한국국토정보공사, 한국교통안전공단, 한국해양교통안전공단, 한국승강기안전공단, 소상공인시장진흥공단, 한국소비자원, 한국보훈복지의료공단, 도로교통공단, 한국산림복지진흥원, 한국수출입은행, 한국투자공사, 한국재정정보원, 강릉원주대학교치과병원, 강원대학교병원, 경북대학교병원,

경북대학교치과병원, 경상국립대학교병원, 국가평생교육진흥원, 동북아역사재단, 부산대학교병원, 부산대학교치과병원, 서울대학교병원, 서울대학교치과병원, 전남대학교병원, 전북대학교병원, 제주대학교병원, 충남대학교병원, 충북대학교병원, 한국고전번역원, 한국사학진흥재단, 한국학중앙연구원, 사립학교교직원연금공단, 한국교육학술정보원, 과학기술사업화진흥원, 광주과학기술원, 국가과학기술연구회, 국립광주과학관, 국립대구과학관, 국립부산과학관, 기초과학연구원, 대구경북과학기술원, (財)우체국시설관리단, 울산과학기술원, 한국과학기술원, 한국데이터산업진흥원, 한국식품연구원, 한국여성과학기술인육성재단, 한국원자력의학원, 연구개발특구진흥재단, (財)한국우편사업진흥원, 정보통신산업진흥원, 한국과학창의재단, 재외동포재단, 한국국제교류재단, (社)남북교류협력지원협회, 북한이탈주민지원재단, 대한법률구조공단, 정부법무공단, 한국법무보호복지공단, 국방전직교육원, 전쟁기념사업회, 한국국방연구원, 민주화운동기념사업회, (財)일제강제동원피해자지원재단, 게임물관리위원회, 국립박물관문화재단, (財)국악방송, 대한장애인체육회, 대한체육회, 세종학당재단, 영상물등급위원회, 영화진흥위원회, (財)예술경영지원센터, 예술의전당, 태권도진흥재단, 한국공예디자인문화진흥원, 한국도박문제예방치유원, 한국문학번역원, 한국문화관광연구원, 한국문화예술교육진흥원, 한국문화예술위원회, 한국문화정보원, 한국문화진흥(株), 한국영상자료원, 한국예술인복지재단, 한국저작권보호원, 한국저작권위원회, 한국체육산업개발(株), 한국출판문화산업진흥원, 한국언론진흥재단, 국제방송교류재단^{Arirang TV}, 한국콘텐츠진흥원, 가축위생방역지원본부, 국제식물검역인증원, 농업정책보험금융원, 축산환경관리원, 한국식품산업클러스터진흥원, (財)한식진흥원, 농림수산식품교육문화정보원, 농림식품기술기획평가원, 전략물자관리원, 한국로봇산업진흥원, 한국산업기술시험원, 한국세라믹

기술원, ㈶한국에너지재단, 한국에너지정보문화재단, 한국전력국제원자력대학원대학교, 한국제품안전관리원, 한국탄소산업진흥원, 한전원자력연료㈜, 한전MCS㈜, 한국디자인진흥원, 한국에너지기술평가원, 국가생명윤리정책원, 국립암센터, 국립중앙의료원, 대구경북첨단의료산업진흥재단, 대한적십자사, 아동권리보장원, 오송첨단의료산업진흥재단, ㈶의료기관평가인증원, ㈶한국공공조직은행, 한국국제보건의료재단, 한국보건의료연구원, 한국보건의료인국가시험원, ㈶한국보건의료정보원, 한국사회복지협의회, 한국의료분쟁조정중재원, ㈶한국자활복지개발원, ㈶한국장기조직기증원, 한국장애인개발원, 한국한의약진흥원, 한국건강증진개발원, 한국노인인력개발원, 한국보건복지인재원, 한국보건산업진흥원, 한국보육진흥원, 국립낙동강생물자원관, 국립호남권생물자원관, 수도권매립지관리공사, 수자원환경산업진흥㈜, 한국상하수도협회, 한국수자원조사기술원, 환경보전협회, 건설근로자공제회, 노사발전재단, 한국고용노동교육원, 한국기술교육대학교, 한국사회적기업진흥원, 한국잡월드, 학교법인 한국폴리텍, 한국양성평등교육진흥원, 한국여성인권진흥원, 한국건강가정진흥원, 한국청소년상담복지개발원, 한국청소년활동진흥원, 건설기술교육원, 공간정보품질관리원, 국립항공박물관, 새만금개발공사, 주택관리공단㈜, 코레일관광개발㈜, 코레일네트웍스㈜, 코레일로지스㈜, 코레일유통㈜, 코레일테크㈜, 한국도로공사서비스㈜, 한국해외인프라도시개발지원공사, 항공안전기술원, 국토교통과학기술진흥원, ㈶대한건설기계안전관리원, 국립해양과학관, 국립해양박물관, 국립해양생물자원관, 한국어촌어항공단, 한국항로표지기술원, 한국해양과학기술원, 한국해양조사협회, 한국해양진흥공사, 부산항만공사, 인천항만공사, 여수광양항만공사, 울산항만공사, 한국수산자원공단, 한국해양수산연수원, 해양수산과학기술진흥원, ㈜공영홈쇼핑, 신용보증재단중앙회, ㈶장애인기업종합지원센터,

중소기업유통센터, 중소벤처기업연구원, 한국벤처투자, 중소기업기술정보진흥원, 창업진흥원, 중소기업은행, 한국산업은행, 서민금융진흥원, 시청자미디어재단, 한국공정거래조정원, 한국원자력안전기술원, 한국원자력안전재단, 한국원자력통제기술원, 88관광개발㈜, 독립기념관, 식품안전정보원, 한국의료기기안전정보원, 한국의약품안전관리원, 한국식품안전관리인증원, ㈔국제원산지정보원, 국방과학연구소[ADD], 국방기술품질원, 한국소방산업기술원, 한국문화재단, 한국등산·트레킹지원센터, 한국수목원정원관리원, 한국임업진흥원, 한국농업기술진흥원, 한국발명진흥회, 한국지식재산보호원, 한국지식재산연구원, 한국특허정보원, 한국특허전략개발원, 한국특허기술진흥원, ㈔차세대수치예보모델개발사업단, ㈔APEC기후센터, 한국기상산업기술원, 경제·인문사회연구회, 건축공간연구원, 과학기술정책연구원, 국토연구원, 대외경제정책연구원, 산업연구원, 에너지경제연구원, 정보통신정책연구원, 통일연구원, 한국개발연구원[KDI], 한국교통연구원, 한국노동연구원, 한국농촌경제연구원, 한국법제연구원, 한국보건사회연구원, 한국여성정책연구원, 한국조세재정연구원, 한국청소년정책연구원, 한국해양수산개발원, 한국행정연구원, 한국형사·법무정책연구원, 한국환경연구원, 국가과학기술연구회, 한국과학기술연구원, 한국기초과학지원연구원, 한국천문연구원, 한국생명공학연구원, 한국한의학연구원, 한국과학기술정보연구원, 한국표준과학연구원, 한국항공우주연구원[KARI], 한국원자력연구원, 한국생산기술연구원, 한국전자통신연구원[ETRI], 한국건설기술연구원, 한국철도기술연구원[KRRI], 한국식품연구원, 한국지질자원연구원, 한국기계연구원, 한국에너지기술연구원, 한국재료연구원, 한국전기연구원, 한국핵융합에너지연구원, 한국화학연구원, 기초과학연구원, 한국과학기술기획평가원, 한국원자력통제기술원, 한국원자력안전기술원, 한국산업기술시험원, 한국세라믹기술원, 한국수자원조사기술원,

한국나노기술원, 한국국방연구원, 한국문화관광연구원, 한국보건의료연구원, 대구경북첨단의료산업진흥재단, 오송첨단의료산업진흥재단, 중소벤처기업연구원, 한국지식재산연구원, 한국학중앙연구원, ㈜APEC기후센터, 한국해양과학기술원, 국립해양생물자원관, 국립낙동강생물자원관, 국립호남권생물자원관, ㈜차세대수치예보모델개발사업단, 서울특별시의료원, 부산광역시의료원, 대구광역시의료원, 인천광역시의료원, 수원시의료원, 의정부시의료원, 파주시 금촌의료원, 포천시의료원, 이천시의료원, 안성시의료원, 원주시의료원, 강릉시의료원, 속초시의료원, 삼척시의료원, 영월군의료원, 청주시의료원, 충주시의료원, 천안시의료원, 공주시의료원, 서산시의료원, 홍성군의료원, 김천시의료원, 안동시의료원, 울진군의료원, 포항시의료원, 마산시의료원, 군산시익료원, 남원시의료원, 목포시의료원, 순천시의료원, 강진군의료원, 제주시의료원, 서귀포시의료원, 서울주택도시공사, 경기주택도시공사, 용인도시공사, 부산도시개발공사, 대구도시개발공사, 광주도시개발공사, 대전도시개발공사, 인천도시개발공사, 하남도시개발공사, 성남도시개발공사, 강원도개발공사, 경북개발공사, 경남개발공사, 전북개발공사, 제주개발공사, 서울교통공사, 인천교통공사, 부산교통공사, 대구교통공사, 광주광역시도시철도공사, 대전교통공사, 서울특별시농수산식품공사, 구리농수산물공사, 서울에너지공사, 인천관광공사, 경기관광공사, 경기평택항만공사, 대전마케팅공사, 경상북도관광공사, 청도공영사업공사, 부산관광공사, 각 지역 시설관리공단, 창원경륜공단, 서울문화재단, 경기문화재단, 부산문화재단, 인천문화재단, 대구문화재단, 광주문화재단, 제주문화재단, 전주문화재단, 대전문화재단, 충북문화재단, 충남문화재단, 전북문화재단, 전남문화재단, 경북문화재단, 경남문화재단, 강원문화재단, 춘천문화재단, 용인문화재단, 고양문화재단, 한국스마트카드, 화순한약재유통, 김포빅데이터 등

제 2 부

(Prompt) 대한민국 정치의 문제점에 대한 해법은?

인공지능 'Midjourney'가 그린 그림

제1장 서론

1. 위선과 '내로남불' 문제 해결

광역·기초단체장의 경우와 마찬가지로 국회의원에게도 3선 제한을 도입해야 합니다. 동일 지역구 3선 제한 등의 제도를 통해 신인 정치인에게 양보를 하고 더 큰 정치를 하는 모습을 보일 때 정치인들이 국민의 신뢰를 회복할 수 있을 것입니다.

국회의원에게만 특권적으로 많은 정책지원 인력^{보좌관}을 배정하는 현행 제도를 개선하여, 국회의원과 지방의원의 정책지원 인력 배정 비율을 재조정해야 합니다.

국회의원의 정책지원 인력이 9명이라고 할 경우, 광역의원은 정책지원 인력을 최소 3명, 기초의원도 최소 1명은 둘 수 있도록 해야 합니다.

지역당 제도를 도입함으로써 정당활동의 자율성을 보장하고 국회의원의 특권과 불공정도 시정하고, 지역당 및 신인 정치인들도 후원회를 설치할 수 있도록 하고 유급 사무직원을 둘 수 있도록 규정함으로써 헌법 상 지방자치 제도를 원활하게 만들고 민주주의를 심화해야 합니다.

국회의원의 후원금 사용 투명성을 강화하기 위해서는 후원금 사용 내역을 정기적으로 공개하고, 감사 기관의 감독을 강화해야 하며, 후원금의 사적 사용이 적발될 경우, 해당 정치인에게 더욱 엄격한 제재를 가할 수 있는 법률 개정을 함으로써, 국회의원들의 후원금 사적 사용 문제를 해결하고, 정치의 투명성을 높일 수 있습니다.

국회의원들이 업무추진비를 정당한 목적 외에 선거 운동 자금으로 사용하거나, 개인적인 행사에 사용하는 것을 방지하기 위해, 업무추진비 사용 내역을 공개하고 감사를 강화하며 위반 시 엄격한 처벌을 도입하는 것이 필요합니다.

국회의원 및 고위공직자들이 국민의 세금으로 최고급 자동차인 제네시스를 타고 다니는 것은 명백한 세금도둑질입니다. 과도한 차량 렌트비 지출을 제한함으로써 친환경 경차를 이용하도록 해야 하며, 차량 사용 내역을 정기적으로 공개하여 사적으로 이용하지 못하도록 해야 합니다.

국회의원들의 해외출장 필요성 및 예산 사용에 대한 기준을 강화하고, 국회의원의 해외출장시 출장경비의 20%에 해당하는 금액을 자기분담금으로 부담시켜야 하며, 출장에 사용된 세금의 내역을 공개하여 국민들이 쉽게 접근할 수 있도록 하는 것이 필요합니다.

국회의원들은 반드시 지역구 내에서 주택을 소유하고 주거해야 하며, 지역구 외의 지역에 주택을 보유할 수 없도록 해야 하며, 국회의원 등 고위공직자의 부동산 임대업 등 영리추구를 금지해야 합니다. 국회의원들의 부동산 소유 현황을 공개하고, 정기적으로 갱신하도록 의무화하여 국민들이 쉽게 접근할 수 있도록 해야 합니다.

2. 전관예우前官禮遇와 부패 문제 해결

전관예우와 국가 시스템의 부패는 대한민국 정치의 심각한 문제점 중 하나로, 투명하고 공정한 사회를 실현하기 위해 반드시 해결해야 하는 과제입니다.

전관예우라는 비리와 부패를 근절하기 위해서는, 공직자들이 퇴임 후,

그동안 담당했던 업무와 관련된 기업 또는 로펌에 아예 취업할 수 없도록 해야 합니다. 공익을 위해 배운 법 해석 및 적용 기술과 수사·소송 노하우 등 정보와 경험을 학교나 취업교육센터 등에서 후학 교육에 사용할 수 있도록 장려해야 합니다.

공직자들의 재취업 정보와 퇴직 후 10년 간 재산 변동 현황을 투명하게 공개하는 제도를 도입하고, 퇴임 공직자들의 재취업 정보와 재산 변동을 공개할 수 있도록 해야 합니다. 국민들의 감시와 비판을 통해 공직자들이 국민의 것을 도둑질하지 못하도록 해야 합니다.

이러한 제도적 개선과 처벌 강화, 공직자들의 의식 개선을 통해 국가 시스템의 부패를 막아 시장의 공정성과 정치·경제 시스템의 투명성 회복 및 국가발전에 기여할 수 있습니다.

3. 낙하산 인사와 정치 양극화 문제 해결

대통령의 인사 권한을 제한하고 의회의 승인을 통해 인사가 이루어지도록 하는 방식을 도입해야 합니다.

이렇게 하면, 대통령에 집중된 권력을 완화하고, 인사의 투명성과 공정성을 높일 수 있으며, 정치적 이해관계에 따른 인사 배치를 어느 정도 제한할 수 있습니다.

국회의 역할을 강화해야 합니다. 국회의원들이 더 책임감 있게 역할을 수행하며 입법, 감사, 예산 심의 등에서 더 적극적으로 활동하게 되면, 대통령의 과도한 권력을 어느 정도 견제할 수 있고, 민주주의 원칙에 더 부합하는 정치 환경이 구축될 것입니다.

국회의원의 국무위원 겸직을 금지해야 합니다.

정치인과 공공기관 간의 유착 관계를 감시할 수 있는 독립적인 감사기관을 설치하거나 강화할 필요가 있습니다.

지방 자치를 강화하고 지방 정부의 권한을 확대함으로써, 중앙 정부와 지방 정부 간의 협력을 통해 정치적 이해관계에 따른 인사 배치와 낙하산 인사를 줄이고, 더욱 효율적인 정책 실행을 도모할 수 있습니다.

지역 주민들의 참여를 증진시키면서 지방 정치의 투명성과 공정성을 높여야 합니다.

정부, 공공기관, 공기업 등에서 인사과정에 대한 정보를 적극적으로 투명하게 공개함으로써 인사자의 이력과 역량을 기준으로 한 더욱 공정한 인사 기준을 마련해야 합니다.

정부, 공공기관, 공기업 등의 개방직 공무원 공채에서, 특정인을 임용하기로 내정해놓고 그에게 유리한 맞춤식 채용요건을 정한다든지, 특정인을 임용하도록 심사과정에 개입한다든지 하는 것은 엄연한 불법이므로 이에 대한 처벌을 강화해야 합니다.

제2장 위선과 '내로남불' 문제 해결을 위한 정책방향

1. 국회의원의 특권 폐지

국회의원의 특권은 국가 발전과 국민복리에 방해가 되는 현상입니다. 이에 대한 개선 방안을 아래와 같이 제시합니다.

(1) 국회의원 3선 제한

광역·기초단체장의 경우에는 3선까지 밖에 못하도록 제한을 두고 있는데 국회의원만 무제한으로 연임할 수 있도록 하는 것은 국회의원의 특권이며 형평성에도 맞지 않습니다. 고인 물이 썩듯이 권력도 오래될수록 부패해질 수밖에 없기 때문에 3선 제한이 필요하기도 합니다.

지방의원 및 지방 자치 단체장에게 적용되는 선거 연임 제한은 국회의원에게도 동일한 기준으로 적용되어야 하며, 따라서 국회의원에게도 3선 제한을 도입해야 합니다. 동일 지역구 3선 제한 등의 제도를 통해 신인 정치인에게 양보를 하고 더 큰 정치를 하는 모습을 보일 때 정치인들이 국민의 신뢰를 회복할 수 있을 것입니다.

국회의원들이 기득권을 내려놓아야만 국민들에게 신뢰를 얻고 국회의원이 입안하는 정책들도 '내로남불'이라는 비판을 받지 않게 됩니다. 정치에 신선한 변화를 가져올 수 있고 국정 운영도 수월해질 것입니다.

(2) 광역·기초 의원에게 보좌 직원 허용

국회의원은 보좌 직원을 9명[14]까지 두는 반면 시의원 2명 당 1명의 보

---

14) 4·5급 각 2명, 6·7·8·9급 각 1명, 인턴 1명

좌 직원을 허용해주고 구의원에게는 보좌 직원을 1명도 배정해주지 않는 것은, 국회의원이 특권을 통해 기득권을 유지하기 위한 꼼수입니다.

국회의원들은 '지방의원의 역량이 강화되면 국회의원 자리를 넘볼 것'이라는 사적인 생각을 버리고, '광역·기초 의원들의 정책 역량을 키워줌으로써 시민과 구민에 대한 봉사를 더 잘 할 수 있도록 도와야 한다'는 공적인 마인드를 가져야 합니다.

국회의원의 입법권을 기득권 사수를 위해 남용해서는 안 됩니다.

지방 분권 시대에 맞춰 지방의원들의 권한도 확대되어야만 합니다. 국회의원에게만 특권적으로 많은 보좌 직원을 배정하는 현행 제도를 개선하여, 보좌 직원의 배정을 보다 공정하게 이루어지도록 해야 합니다. 이를 위해 국회의원, 시의원, 구의원 간의 보좌 직원 배정 비율을 재조정하고, 업무 부담에 따른 균형을 고려한 배정 기준을 마련해야 합니다. 국회의원의 보좌 직원이 9명이라고 할 경우, 시의원은 보좌 직원을 3명, 구의원은 보좌 직원을 1명 둘 수 있도록 해야 합니다.

보좌 직원의 선발 과정을 투명하게 공개하고, 정치인들의 지인 또는 후원자로부터의 인사청탁을 방지하기 위한 제도를 마련해야 합니다. 이를 통해 보좌 직원의 전문성과 역량을 강조한 선발이 이루어질 수 있습니다.

보좌 직원들의 역량을 강화하고, 전문화를 추구해야 합니다. 국회의원뿐만 아니라 지방의원의 보좌 직원들에게도 전문 교육을 제공하고, 지속적인 업무 평가를 통해 역량을 높일 수 있는 제도를 도입해야 합니다.

보좌 직원들의 업무 수행 능력을 향상시키기 위해 정기적인 평가와 피드백을 제공하는 제도를 도입해야 합니다. 이를 통해 보좌 직원들이 전문성과 역량을 높이고, 정치인들에게 보다 효율적인 지원을 제공할 수 있도록 돕습니다. 이를 위해 성과에 따른 인센티브를 부여하고, 업무 능력 향상을 위한 교육 기회를 제공하는 것이 중요합니다.

(3) 지역당 제도 도입

국회의원은 지역위원장으로서 지역위원회 사무실을 내고 후원금도 모금하며 직원도 둘 수 있지만, 국회의원이 아닌 정치인은 사무실을 만들 수 없습니다. 국회의원인 지역위원장들이 국회의원이 아닌 정치인들보다 훨씬 유리한 위치에서 정치활동을 하고 있는 불평등과 불공정이 발생합니다.

따라서 지역당 제도를 도입함으로써 정당활동의 자율성을 보장하고 국회의원의 특권과 불공정도 시정해야 합니다. 지역당 및 신인 정치인도 후원회를 설치할 수 있도록 하고 유급 사무직원을 둘 수 있도록 규정함으로써 헌법 상 지방자치 제도를 원활하게 만들고 민주주의를 심화해야 합니다.

(4) 국회의원 정치자금 사용 감시·통제 강화

국회의원은 1년에 1억 5천만 원, 선거가 있는 해에는 3억 원의 후원금을 모금할 수 있는 반면, 국회의원이 아닌 정치인은 평소에는 후원금을 기부 받을 수 없게 되어 있습니다.

국회의원 임기 4년간 자신들만 독점적으로 9명의 보좌 직원을 두고, 자신들만 지역위원회 사무실을 내고 후원금을 걷을 수 있는 특권을 이용하는 것은, 잠재적인 도전자들의 입장에서는 매우 불평등하고 불공정한 것입니다.

따라서 국회의원이든 아니든 정치인들이 평등하고 공정하게 후원금을 모금할 수 있도록 해야 합니다.

정치인들이 정기적으로 자신의 후원금 사용 내역을 공개하도록 하는 법률 개정이 필요합니다. 후원금 사용의 투명성을 강화하기 위해서는 후원금 사용 내역을 정기적으로 공개하고, 감사 기관의 감독을 강화해야 합니다. 이를 통해 국민들이 정치인들의 후원금 사용 행태를 지켜볼 수 있게 됩니다.

정치인들에게 후원금 사용에 대한 교육을 제공하고, 국민들에게도 후원금 사용의 중요성과 올바른 사용 방법에 대해 알리는 캠페인을 실시해야 합니다.

민간 차원에서 후원금 사용 내역을 모니터링하는 시스템을 도입해야 합니다. 이를 통해 정치 후원금 사용의 투명성을 높이고, 정치인들이 후원금을 적절하게 사용하는지 감독할 수 있습니다. 민간 모니터링 시스템은 정치 후원금 사용에 대한 정보를 수집하고, 이를 분석하여 공개하는 역할을 수행합니다.

후원금의 사적 사용이 적발될 경우, 해당 정치인에게 더욱 엄격한 제재를 가할 수 있는 법률 개정이 요구됩니다. 이를 위해 후원금 사용에 대한 법적 규제를 강화하고, 위반 시 과태료 및 벌금을 부과하는 제도를 도입해야 합니다.

이러한 정책 방향을 통해 국회의원들의 후원금 사적 사용 문제를 해결하고, 정치의 투명성을 높이는데 기여할 수 있습니다. 이를 위해 정부, 국회, 언론, 시민단체 등 관련 기관들이 함께 협력하고 노력해야 합니다. 또한 국민들 역시 후원금 사용에 대한 관심을 갖고, 정치인들의 행태를 지켜보며 적극적으로 참여해야 합니다.

총체적으로 위와 같은 정책 방향을 통해 국회의원들의 후원금 사적 사용 문제를 해결하고, 정치의 투명성을 높일 수 있습니다. 이 과정에서 모든 이해관계자들이 협력하고 책임감을 가지고 노력해야 하며, 국민들의 적극적인 참여와 감시가 필요합니다. 정치문화 개선을 위한 이러한 노력이 지속적으로 이루어진다면, 대한민국 정치의 진정한 발전과 국민의 복지 향상을 이룰 수 있을 것입니다.

2. 국회의원의 세금 도둑질 금지

국회의원들이 업무추진비를 정당한 목적 외에도 개인적인 목적으로 사용하는 경우가 있습니다. 예를 들어, 선거 운동 자금으로 사용하거나, 개인적인 행사에 사용하는 것입니다.

이러한 행위를 방지하기 위해, 업무추진비 사용 내역을 공개하고 감사를 강화해야 합니다. 또한, 업무추진비 사용에 대한 기준을 명확히 하고, 위반 시 엄격한 처벌을 도입하는 것이 필요합니다.

(1) 특수활동비 및 업무추진비 남용 금지

특수활동비 및 업무추진비 사용의 목적과 범위를 명확히 규정하여, 공직자들이 세금을 남용하는 것을 방지해야 합니다. 국민의 세금을 내 돈처럼 아끼면서 사용하도록 해야 합니다. 이를 위해 법령에서 사용 목적과 범위를 구체적으로 정의하고, 공직자들이 이를 준수하도록 강제해야 합니다.

특수활동비의 경우 국회의 비공개 감사를 받도록 해야 합니다. 업무추진비 사용 내역은 정기적으로 공개 및 투명한 감사 제도를 도입하여, 국민들이 공직자들의 세금 사용을 감시할 수 있도록 해야 합니다. 이를 통해 공직자들이 국민들의 신뢰를 회복할 수 있을 것입니다.

특수활동비 및 업무추진비 사용에 대한 감사를 강화하여 공직자들의 세금 남용을 철저히 조사하고, 정치자금·특수활동비·업무추진비의 불법적 사용 또는 남용 행위에 대한 엄격한 처벌을 통해 정치인들이 법 위에 군림하는 특권을 차단하고, 정치의 위상을 회복시켜야 합니다. 이를 통해 공직자들이 국민들의 신뢰를 회복할 수 있을 것입니다.

공직자들에게 업무추진비 및 특수활동비 사용에 대한 교육을 실시하고, 이에 대한 인식 개선을 위해 노력해야 합니다. 이를 통해 공직자들이 세금을 올바르게 사용하는 방법을 이해하고 준수하며, 정치인들이 스스로 고위 공직자로서의 책임을 인식하고, 특수활동비 및 업무추진비 사용을 절제하는 태도를 보여야 합니다.

이러한 정책들을 통해 고위공직자의 특수활동비 및 업무추진비 남용 문제를 해결할 수 있습니다. 이를 통해 정치인들의 위선과 '내로남불'을 줄이고, 국민들의 신뢰를 회복할 수 있습니다.

또한, 국민들의 세금이 올바른 목적에 사용되도록 보장함으로써, 국가의 발전과 더 나은 미래를 구축하는데 기여할 수 있습니다.

(2) 고위공직자 관용차 사용 기준 마련

국민들은 불볕더위의 한여름이든 칼바람 부는 한겨울이든 뚜벅뚜벅 '만원버스', '지옥철' 타고 다니는데, 정치인들은 국민의 세금으로 최고급 자동차인 제네시스를 타고 다녀서는 안 됩니다.

인공지능 'Midjourney'가 그린 그림

정부 차량 사용 기준 마련

국회의원 및 고위공직자들이 국민의 세금으로 최고급 자동차인 제네시스를 타고 다니는 것은 명백한 세금도둑질입니다. 과도한 차량 렌트비 지출을 제한함으로써 친환경 경차를 이용하도록 해야 합니다.

국회의원 차량 사용 내역 공개

국회의원들의 차량 사용 내역을 정기적으로 공개하여 투명성을 확보해야 합니다.

지역구 행사 참석 등 선거운동이나 출·퇴근 같은 개인적인 일은 자신의 승용차를 활용하도록 합니다. 이를 위해 관용 차량 사용 내역을 관리하는 전산 시스템을 구축하고, 이를 통해 국민들이 관용 차량 사용현황을 확인할 수 있도록 해야 합니다.

친환경 경차 사용 활성화

고위공직자들이 솔선수범하여 친환경 경차를 사용하도록 강제하는 정책을 도입해야 합니다. 이를 통해 환경보호에 기여할 뿐만 아니라, 국회의원들의 민주주의 정신 함양에도 도움이 될 것입니다.

대중교통 이용 활성화

국회의원들이 대중교통을 이용하는 것을 적극 권장하고, 이를 위한 혜택 및 지원을 제공해야 합니다. 대중교통 이용이 높아지면 국민의 세금을 아낄 수 있고 환경 부담을 줄일 수 있습니다.

세금으로 국회의원 운전기사 고용 금지

국민의 세금에서 급여가 지급되는 보좌 직원 T/O에 정책지원 인력 대신 운전기사를 고용하여, 출·퇴근 등 개인적인 일이나 지역구 행사 참석 등 선거운동에 활용하는 관행도 금지해야 합니다.

부당한 차량 사용에 대한 제재

국회의원들의 차량 사용에 대한 법적 규제를 강화하여, 부당한 차량 사용이나 낭비를 방지해야 합니다. 이를 위해 법률 개정을 통해 차량 사용에 대한 기준을 명확히 규정하고, 위반 시 엄격한 제재를 가할 수 있도록 해야 합니다.

소결

이와 같은 다양한 개선 방안을 적극 도입하고 실행함으로써 세금 도둑질 및 낭비 현상을 줄인다면, 국민의 세금이 효율적으로 사용되고, 국민이 정치인들에 대해 신뢰할 수 있게 될 것입니다.

(3) 불필요한 외유성 해외출장 금지

불요불급한 외유성 해외출장은 국민의 세금을 낭비하는 주요한 문제 중 하나입니다. 국회의원들은 꼭 필요할 경우에만 해외출장을 가야 합니다. 그런데 정치인들과 공직자들은 국가 이익을 위한 목적이 아닌, 개인적인 이익을 위해 해외출장을 다녀오곤 합니다.

해외출장 기준 강화 및 투명한 결정과정 도입

해외출장의 필요성과 예산 사용에 대한 기준을 강화하고, 결정 과정을 투명하게 공개해야 합니다. 이를 통해 불필요한 해외출장을 최소화하고, 국민들의 이해를 얻을 수 있습니다.

해외출장 비용 자기분담금

꼭 필요한 해외출장이라면 국회의원의 자기계발에 도움이 될 것입니다. 따라서 국회의원의 해외출장시 출장경비의 20%에 해당하는 금액을 자기분담금으로 부담하게 한다면, 국회의원이 알아서 해외출장의 필요성 여부에 대해 판단할 수 있을 것입니다. 이 경우 자기분담금을 후원금을 사용하도록 해서는 안 됩니다.

출장 비용 지출 내역 공개

출장에 사용된 세금의 세부내역을 공개하여 국민들이 쉽게 접근할 수 있도록 하는 것이 필요합니다. 이를 통해 국민들은 자신들의 세금이 어떻게 사용되고 있는지 확인할 수 있으며, 필요한 경우 건설적인 비판을 통해 정치인들에게 책임을 물을 수 있습니다.

국제 회의 등 공식 행사에 한해 해외출장 제한

정치인들이 공식 행사나 국제 회의와 같은 중요한 행사에만 참석하도록 제한해야 합니다. 이를 통해 불필요한 해외출장을 줄이고, 국가 이익을 위한 해외출장만을 지원할 수 있습니다.

화상 회의 등 기술 활용

정치인들이 외유성 해외출장을 무분별하게 다니지 않도록, 국내에서 해결할 수 있는 업무는 국내에서 처리하는 것이 중요합니다. 이를 위해 정부는 국내에서 해결할 수 있는 업무에 대한 기준을 명확히 설정하고, 불필요한 해외출장을 줄이는 방안을 찾아야 합니다. 또한, 화상 회의 등의 기술을 활용하여 국제 회의에 참석하거나 업무를 처리하는 방법을 고려할 수도 있습니다. 이렇게 하면 세금을 절약하고 국가 이익을 극대화할 수 있습니다.

정기적인 출장 결과 보고 및 평가

해외출장 후 정치인들과 공직자들이 출장 결과를 정기적으로 보고하고, 이를 평가하는 제도를 도입해야 합니다. 이를 통해 해외출장의 효과를 파악하고, 앞으로의 해외출장 계획을 개선할 수 있습니다.

법적 책임 강화

불필요한 외유성 해외출장을 하는 정치인들에 대해 법적 책임을 강화하여 엄중하게 처벌할 필요가 있습니다. 이를 통해 정치인들이 불필요한 해외출장을 피하고, 국민의 세금을 낭비하는 일이 줄어들 것입니다.

소결

이상과 같은 다양한 사례를 통해 국민의 세금, 서민의 혈세로 불필요한 외유성 해외출장을 즐기는 문제에 대한 개선방안을 제시하였습니다.

이러한 개선 방안들이 적용되면 정치인들과 공직자들의 해외출장에 대한 투명성과 효율성이 향상되어, 세금 낭비를 줄이고 국민들의 신뢰를 회복하는데 도움이 될 것입니다.

더 나아가, 이러한 개선 방안들은 국가의 경쟁력을 높이고 국민들의 삶의 질을 개선하는 데 기여할 것입니다.

3. 국회의원의 부동산 '내로남불' 규제

국회의원은 금전적 탐욕을 버려야 합니다. 그래야 국회의원이 입안하는 부동산 정책, 국토 균형발전 정책, 인구소멸 방지 정책들이 신뢰를 얻을 수 있고 그 정책들이 효과적으로 집행되고 실효성을 가질 수 있을 것입니다.

(1) 국회의원의 부동산 이용 영리 추구 금지

국회의원들은 반드시 지역구 내에서 주택을 소유하고 주거해야 하며, 지역구 외의 지역에 주택을 보유할 수 없도록 해야 합니다.

다수의 부동산을 소유한 경우에는 처분을 강제할 수 있는 법적 근거를 마련해야 합니다.

국회의원 등 고위공직자의 부동산 임대업 등 영리추구를 금지해야 합니다. 또한, 국회의원들이 투기 행위를 벌이거나 부동산 시장을 악용하는 경우에는 엄격한 제재를 가할 수 있도록 제도를 개선해야 합니다.

(2) 청렴한 정치 문화 조성

정치인들과 고위공직자들의 위선과 '내로남불' 행태를 개선하기 위해서는 청렴한 정치 문화를 조성하는 것이 중요합니다. 청렴한 정치 문화를 조성하기 위해, 정치인들과 고위공직자들에게 정치 윤리와 청렴성에 대한 교육을 제공하고, 공직자들의 행동 감독을 강화해야 합니다. 또한, 정치 과정에서 투명성을 높이고, 부패 및 비리를 예방할 수 있는 제도를 도입해야 합니다.

이러한 정책 방향을 통해 국회의원들의 위선과 '내로남불' 문제를 해결하고, 국민들의 신뢰를 회복할 수 있을 것으로 기대됩니다. 국회의원들이 부동산 영리추구를 금지하고, 국민들의 부동산 권익을 보호하는데 주력하면서 국토 균형발전과 인구 소멸 문제에 대한 실질적인 해결책을 찾아내기 위한 노력이 필요합니다.

4. 국민주권 강화를 통한 정치문화 개선

시민들의 정치 참여를 촉진하여 고위공직자 특권·기득권 문제를 해결해야 합니다. 예를 들어, '고위공직자 특권·기득권 폐지 위원회'를 만들어 민주국가의 주인인 국민이 직접 수임자인 공직자의 권한을 정해주고 특권·기득권을 없애야 합니다.

또한, 국민들이 직접 정치 과정에 참여할 수 있는 제도를 도입하고, 국민이 직접 법안을 발의하거나 국회의원을 임명 및 해임할 수 있는 소환제도를 도입해야 합니다. 이를 통해 국민들이 정치 과정을 직접 관리하고, 정치인들의 일탈을 막을 수 있습니다.

제3장 전관예우前官禮遇와 부패 문제 해결을 위한 정책방향

전관예우란, 전직 관리에 대해 예우를 하는 관행이란 뜻으로, 고위 공직에 있었던 인물이 퇴임 후 대형로펌의 고문이나 기존 업무와 연관된 대기업에 재취업한 뒤 전관의 지위를 이용하여 기업의 로비스트로 활동하는 행위입니다.

법원·감사원·금융감독원, 공정거래위원회, 검찰·경찰·국세청 등 사정기관이나 고용노동부·기획재정부·외교부·정보통신부·통상산업자원부·환경부, 방송통신위원회 등 정부부처의 고위공직자들이 공익을 위한 봉사가 아니라 사익을 위해 공직을 활용하고, 공직생활 동안 쌓은 인맥과 정보를 기업에 팔아 넘기며, 공익을 위한 방패로써 사용해야 할 법해석·적용 기술과 수사·소송 노하우를 공익을 해치기 위한 창으로 사용하는 전관예우는 부패·비리 행위일 뿐만 아니라 시장의 공정성과 정치·경제 시스템의 투명성을 해치고 국가발전을 저해하는 범죄행위입니다.

나아가 대기업이나 대형로펌 등 경제적 강자의 편에 서서 사회적 약자가 누려야 할 이익을 빼앗는 데 앞장서는 것은 공직자로서의 직업윤리를 배신하는 부도덕한 행위입니다.

전관예우라는 비리와 부패를 근절하기 위한 다양한 정책 방향에 대해 살펴봅시다.

1. 공직자윤리법[15] 개정 등 제도 개선

(1) 공직자 퇴직 후 담당업무 관련 기업·로펌 재취업 원천금지

국토교통부의 고위 공무원이 국토교통부 재직 시 건설업계와 밀접한 관계를 맺고 있다가, 퇴임 후 건설 회사에서 고위직에 취업한다면, 이로 인해 시장의 공정성과 공무의 투명성이 크게 손상되는 것입니다. 이러한 관행을 막기 위해 재취업 금지 조치를 강화할 필요가 있습니다.

전관예우라는 비리와 부패를 근절하기 위해서는, 공직자들이 퇴임 후, 그동안 담당했던 업무와 관련된 기업 또는 로펌에 아예 취업할 수 없도록 해야 합니다. 이를 통해 공직자들이 퇴임 후 전직 때의 영향력을 이용하여 기업이나 로펌에서 로비스트로 활동하는 것을 막을 수 있습니다.

공익을 위해 배운 법 해석 및 적용 기술과 수사·소송 노하우 등 정보와 경험을 학교나 취업교육센터 등에서 후학 교육에 사용할 수 있도록 장려해야 합니다.

---

15) 공직자윤리법 제17조 (퇴직공직자의 취업제한) ① 제3조제1항제1호부터 제12호까지의 어느 하나에 해당하는 공직자와 부당한 영향력 행사 가능성 및 공정한 직무수행을 저해할 가능성 등을 고려하여 국회규칙, 대법원규칙, 헌법재판소규칙, 중앙선거관리위원회규칙 또는 대통령령으로 정하는 공무원과 공직유관단체의 직원은 퇴직일부터 3년간 다음 각 호의 어느 하나에 해당하는 기관에 취업할 수 없다. 다만, 관할 공직자윤리위원회로부터 취업심사대상자가 퇴직 전 5년 동안 소속하였던 부서 또는 기관의 업무와 취업심사대상기관 간에 밀접한 관련성이 없다는 확인을 받거나 취업승인을 받은 때에는 취업할 수 있다.

(2) 공직자의 재취업 및 퇴직 후 재산변동 현황 공개

공직자들의 재취업 정보와 퇴직 후 10년 간 재산 변동 현황을 투명하게 공개하는 제도를 도입하고, 독립적인 감시 기구를 설치하여 공직자들의 퇴임 후 활동을 모니터링하며, 이상 징후가 발견될 경우 즉시 조사하도록 합니다.

또한, 퇴임 공직자들의 재취업 정보와 재산 변동을 기록하고, 정부 홈페이지나 전용 웹사이트를 통해 공개할 수 있도록 합니다. 이렇게 함으로써 시민들은 공직자들의 퇴직 후 활동을 감시하고, 부적절한 행동이 발견될 경우 이를 신고할 수 있는 기회를 갖게 됩니다.

(3) 공직자들의 전관예우 비리 및 부패에 대한 처벌강화

전관예우 비리 및 부패에 대한 처벌을 강화하여, 공직자들이 전직 후 부적절한 행위를 할 경우 엄격한 처벌을 받도록 합니다. 이를 통해 공직자들이 전직 후 부적절한 행위를 자제할 수 있도록 견제하고, 국가 시스템의 부패를 막아 시장의 공정성과 정치·경제 시스템의 투명성을 회복하는데 기여할 수 있습니다.

2. 로비 활동 규제

미국에서는 로비 활동이 합법적으로 인정되며, 일정한 규제와 감시를 받아 투명성을 유지하고 있습니다.

미국의 로비 활동 규제는 로비스트 등록 및 공개법Lobbying Disclosure Act에 의해 관리되고 있습니다. 이 법은 로비 활동의 투명성을 높이고, 부당한 이익을 방지하기 위해 만들어졌습니다. 이 법에 따르면, 로비 활동을 수행하려는 개인이나 단체는 미국 상무부에 등록을 해야 합니다.

로비스트들은 자신이 대표하는 이해 관계자, 로비 활동을 수행할 법안이나 이슈, 그리고 해당 활동에 사용된 금액 등을 정기적으로 보고해야 합니다. 또한, 로비 활동 관련 정보는 공개되어 국민들이 열람할 수 있습니다.

미국의 로비 활동은 기업, 단체, 개인 등이 정부에 영향력을 행사하여 자신들의 이익을 증진하고자 하는 과정으로, 정치와 경제의 중요한 구성 요소로 인식되고 있습니다.

하지만 미국의 로비 활동 역시 여러 가지 문제점과 비판을 받고 있어서, 완전한 모범 사례라고는 할 수 없습니다. 대한민국은 미국보다 더 강화된 로비 활동 규제를 통해, 전직 공직자들이 영향력을 이용한 로비 활동을 방지해야 합니다.

(1) 로비스트 등록 제도 도입

로비 활동을 수행하려는 개인이나 단체는 정부 기관에 등록을 하도록 합니다. 등록 과정에서 로비 활동의 목적, 대표하는 이해 관계자, 예상되는 활동 범위 등을 제출하도록 합니다.

(2) 로비 활동 보고 의무화

로비스트들은 정기적으로 로비 활동에 대한 세부 정보를 보고하도록 합니다. 이에는 대표하는 이해 관계자, 로비 활동을 수행할 법안이나 이슈, 그리고 해당 활동에 사용된 금액 등이 포함됩니다.

(3) 로비 활동 정보 공개

고위공직자뿐만 아니라 모든 공직자들이 기업 또는 로펌 및 전직 공직자와 접촉할 경우 목적, 상세 내용 등에 대해 기록 및 공개하도록 함으로써 로비 활동의 범위와 대상을 명확히 규정하고, 이를 위반할 경우 엄격한 처벌을 하며, 로비 활동 관련 정보를 공개하여 국민들이 열람할 수 있도록 합니다. 이를 통해 로비 활동의 투명성이 높아지고, 부당한 이익을 방지할 수 있습니다.

⑷ 로비 활동 규제 및 처벌 강화

로비 활동과 관련된 법률을 강화하여 부당한 로비 활동을 방지하고, 위반 시 엄격한 처벌을 부과할 수 있도록 합니다.

⑸ 로비 활동 교육 및 인식 개선

로비 활동에 대한 인식을 개선하기 위해 정부, 기업, 시민단체 등이 협력하여 로비 활동에 대한 교육 및 홍보 활동을 강화할 수 있습니다. 이를 통해 로비 활동의 중요성과 올바른 로비 활동 방법에 대한 이해를 높일 수 있습니다.

⑹ 국민 참여의 확대

로비 활동의 투명성을 높이기 위해 국민들이 로비 활동에 대한 정보에 쉽게 접근하고, 로비 활동의 과정에 참여할 수 있는 기회를 제공하는 것이 중요합니다. 이를 위해 정부는 국민들이 로비 활동 정보를 열람하고 토론할 수 있는 온라인 플랫폼을 제공하거나, 로비 활동에 대한 공청회 등을 개최하여 국민들의 의견을 수렴해야 합니다.

⑺ 투명한 자금 관리

로비 활동을 수행하는 기업·단체들의 자금 관리에 대한 투명성을 높여야 합니다. 이를 위해 로비활동 관련 자금 사용내역을 정기적으로 공개하고, 외부 감사를 통해 자금 사용의 적정성을 검증해야 합니다.

최종적으로, 이러한 다양한 제안과 방안들이 적절하게 조화되어 실행될 경우, 대한민국의 정치문화 개선 및 로비 문제 개선에 큰 도움이 될 것입니다. 공직자들의 전관예우와 로비 문제에 대한 개선은 국민들의 정치에 대한 신뢰를 회복하고, 정치의 투명성과 공정성을 높이는데 결정적인 역할을 할 것입니다. 이를 통해 대한민국의 정치 발전 및 국가 경쟁력 향상에도 기여할 수 있을 것입니다.

3. 공직기강 교육

공직자들에게 국민의 공복으로서의 역할에 대해 교육을 실시하여 엘리트 의식을 버리고 공적인 마인드를 갖게 해야 합니다. 이를 위해 정부는 공직자들에게 다음과 같은 내용의 정신 교육을 실시해야 합니다.

"당신이 똑똑하거나 성실하게 노력하는 등 능력이 있기 때문에 공직을 맡게 된 것이 아니라 단지 운이 좋았기 때문에 국민들과 공익을 위해 일할 수 있는 기회를 얻었을 뿐이며, 국가와 국민이 공공 서비스 제공을 전제로 당신에게 권력을 위임하고 안정적인 삶과 명예를 누릴 수 있도록 해주는 것이므로, 공직자는 국민의 공복으로서 겸손하고 검소하게 살아야 한다."

이러한 교육을 통해 엘리트 의식을 버리고 공적인 마인드를 갖도록 해야 합니다. 공직자들은 국민을 위해 일하는 공복의 위치에 있다는 것을 인식하도록 해야 합니다.

공직자들은 국민의 세금을 받고 있는 관계로 국민의 이익을 최우선으로 생각해야 한다는 사실을 강조합니다.

공직자들에게 업무를 수행할 때 공정하고 투명한 방식을 유지할 것을 강조합니다. 이를 위해 공직자들은 각종 업무와 결정 과정에서 이해관계자들과의 관계를 공개하고, 의사결정 과정에 대한 설명 책임을 다해야 함을 일깨웁니다.

공직자들에게 국가 시스템의 부패를 막기 위한 자기계발과 교육의 중요성을 강조합니다. 공직자들은 정기적으로 직무교육을 받아야 하며, 국가 시스템에 대한 이해와 역할에 대한 교육을 통해 국민의 이익을 위한 정책을 수립하고 실행하는 데 더욱 힘쓸 수 있도록 해야 합니다.

이러한 정신 교육을 통해 공직자들은 자신의 지위와 역할에 대한 책임감을 높일 수 있으며, 국가 시스템의 부패를 막기 위해 더욱 투명하고 공정한 업무 수행을 실천할 수 있게 됩니다.

4. 소결

이렇게 다양한 방안들을 통해 전관예우를 방지하고 국가 시스템의 부패를 막아 시장의 공정성과 정치·경제 시스템의 투명성 회복 및 국가 발전에 기여할 수 있습니다.

제4장 낙하산 인사와 정치 양극화 심화 문제 해결을 위한 정책 방향

제왕적 대통령제의 낙하산 인사와 이로 인한 정치 양극화 심화 문제를 해결하기 위해 제도적 개선이 필요하며, 다음과 같은 방향을 고려할 수 있습니다.

1. 낙하산 인사 문제 해결

대한민국에서 대통령과 그의 측근들이 하고 있는 낙하산 인사는 상상을 초월할 정도로 많습니다. 정부, 공공기관, 공기업은 물론 각종 협회와 포스코나 KT 등 민간영역에 대한 청탁을 통한 비공식적인 인사까지 포함한다면 낙하산 수는 수만 개에 이릅니다.

정권 교체 때마다 전문성이나 역량과 상관 없이 '대통령과 국정철학을 같이 하는 사람'이라는 명분으로 공공기관·공기업 고위직에 낙하산 타고 오는 인사들은, 본인 스스로도 국민의 세금을 축낼 뿐만 아니라 공공기관·공기업의 연봉인상과 성과급 잔치 등 도덕적 해이를 부추기기도 하기 때문에 공공기관·공기업에 별 도움이 안 될 뿐만 아니라 큰 혼란을 불러오고 올 수도 있습니다.

낙하산 인사들은 정치 성향에 따라 정책이나 업무를 운영할 가능성이 높고, 이로 인해 기관 내에서도 정치 성향에 따른 갈등이 발생할 수도 있습니다.

결과적으로 공기업 낙하산 인사로 인한 피해는 국민에게 돌아가고 있습니다. 이러한 인사 문제와 정치 문화를 개선하기 위해서는 여러 가지 접근 방식을 고려해야 합니다.

2. 정치 양극화 문제 해결

낙하산 인사로 인한 폐해 중 하나는 정치 양극화의 심화입니다. 정권이 교체될 때마다 정부, 준 공공기관, 공기업, 각종 협회, 민영기업 등에 수만 명의 여당 인사들이 취업하고, 동시에 수만 명의 야당 인사들이 실직하는 현상이 벌어집니다.

이러한 현상은 정치인들 사이에 불필요한 경쟁과 적대감을 조장하며, 국정 운영에 악영향을 끼칩니다.

집권 여당의 국정 운영이 실패해야 야당이 정권교체 여론에 힘입어 집권할 수 있기 때문에, 야당은 '반대를 위한 반대'를 하고 여당 발목잡기에 매진하며 정권 교체를 이루는 데 사활을 겁니다. 집권 여당을 끌어내려야 야당 인사들의 취업이 가능하기 때문입니다.

겉으로는 "문재인 대통령이 성공한 대통령이 되길 바란다", "윤석열 정부가 잘 돼야 대한민국이 잘되기 때문에 윤석열 정부가 성공하길 바란다"고 레토릭을 써도, 속으로는 상대 당이 망하길 바랄 수밖에 없습니다. 야당의 역할인 비판과 견제를 넘어서 증오와 저주를 퍼붓고 있습니다.

여당은 여당대로 야당을 대화와 타협의 상대로 생각하는 것이 아니라 제거해야 할 정적으로 생각합니다. 여당 인사들도 실직을 하지 않기 위해 목숨 걸고 싸울 수밖에 없고 이 과정에서 협치는 실종될 수밖에 없습니다.

이로 인해 정치 양극화가 심화되고 국민통합이 안 되며 국정 운영에 악영향을 끼치게 됩니다.

3. 제도적 개선의 필요성 및 방향

낙하산 인사와 정치 양극화 문제를 해결하기 위해 제도적 개선이 필요하며, 다음과 같은 방향을 고려할 수 있습니다.

(1) 대통령의 인사권한 축소

대통령의 인사 권한을 제한하고 의회의 승인을 통해 인사가 이루어지도록 하는 방식을 도입해야 합니다. 이렇게 하면, 대통령에 집중된 권력을 완화하고, 인사의 투명성과 공정성을 높일 수 있으며, 정치적 이해 관계에 따른 인사 배치를 어느 정도 제한할 수 있습니다.

(2) 국회의 역할 강화

국회의원들이 더 책임감 있게 역할을 수행하며 입법, 감사, 예산 심의 등에서 더 적극적으로 활동하게 되면, 대통령의 과도한 권력을 어느 정도 견제할 수 있고, 민주주의 원칙에 더 부합하는 정치 환경이 구축될 것입니다.

(3) 지방 자치 강화

지방 자치를 강화하고 지방 정부의 권한을 확대함으로써, 중앙 정부와 지방 정부 간의 협력을 통해 정치적 이해 관계에 따른 인사 배치와 낙하산 인사를 줄이고, 더욱 효율적인 정책 실행을 도모할 수 있습니다. 지방 정부의 권한을 확대하고, 지역 주민들의 참여를 증진시키면서 지방 정치의 투명성과 공정성을 높여야 합니다. 이를 위해 지방 자치단체 간의 협력과 교류를 촉진하고, 중앙 정부와 지방 정부 간의 건설적인 의사소통을 확대하는 데 노력해야 합니다.

⑷ 공공기관·공기업 내부에서 장이나 임원 선출

공공기관·공기업의 장이나 이사들을 해당 공공기관과 공기업에서 계속 일했던 사람 중에서 선출해야 합니다. 해당 공공기관·공기업에 대해 잘 알고 성실하게 일했던 직원들이 조직운영을 맡는다면, 직원들에게도 동기부여가 되기 때문에 더욱 열심히 일할 것이며 따라서 공공기관·공기업이 훨씬 더 역동적인 조직이 되고 효율적인 경영이 가능할 것입니다.

⑸ 자격 요건 강화 객관적이고 투명한 인사 기준

공공기관·공기업의 장이나 이사는 해당 공공기관·공기업 내부승진 에서 승진의 선발 과정을 더욱 엄격하게 관리하고, 선발 기준을 성과와 역량에 기반해 설정해야 합니다. 이를 통해 정치적 배려나 편파적 인사가 줄어들고, 정치 양극화를 완화시킬 수 있습니다.

⑹ 정치와 행정 간의 분리 원칙

정치 인사가 행정부와 공공기관에 개입하는 것을 최소화해야 합니다. 이를 위해 국회의원의 국무위원 겸직을 금지해야 합니다. 정치인과 공공기관 간의 유착 관계를 감시할 수 있는 독립적인 감사 기관을 설치하거나 강화할 필요가 있습니다.

⑺ 정치 인사들의 낙하산에 대한 규제 강화

공기업과 민영기업에 대한 낙하산 인사를 제한하고, 공공기관에 대한 낙하산 인사의 경우에도 인사 배치 과정에서 정치적 배려를 배제할 수 있는 제도를 도입해야 합니다.

⑻ 정보공개와 투명성 제고

정부, 공공기관, 공기업 등에서 인사과정에 대한 정보를 적극적으로 투명하게 공개함으로써 인사자의 이력과 역량을 기준으로 한 더욱 공정한 인사 기준을 마련해야 합니다.

정부, 공공기관, 공기업 등의 개방직 공무원 공채에서, 특정인을 임용하기로 내정해놓고 그에게 유리한 맞춤식 채용요건을 정한다든지, 특정인을 임용하도록 심사과정에 개입한다든지 하는 것은 엄연한 불법이므로 이에 대한 처벌을 강화해야 합니다.

⑼ 정치 양극화에 대한 국민들의 인식 개선

국민들이 소셜-미디어 소통으로 인한 과격한 정치문화 및 정치 팬덤화 등 정치 양극화의 문제점을 인식하고, 이에 따른 정치적 성숙도를 높이는 데 기여할 수 있는 리터러시 역량을 강화해야 합니다.

⑽ 소결

이러한 제도적 개선을 통해 낙하산 인사와 정치 양극화 문제를 해결하고, 대한민국 정치의 건강한 발전을 이루어나갈 수 있을 것입니다. 이를 위해서는 정치인들과 국민 모두가 함께 노력하며, 정치 환경의 변화에 적극적으로 대응해야 합니다.

이렇게 제시된 대안들을 통해 대한민국의 정치 문화와 제도를 개선하면, 대통령의 과도한 권력을 억제하고, 정치 양극화를 완화시킬 수 있습니다. 또한, 이러한 변화는 반대를 위한 반대와 증오와 저주의 정치문화를 줄이고, 국민들의 정치에 대한 신뢰를 회복하며, 더 건강한 민주주의를 구축하는데 기여할 것입니다.

제 3 부

(Prompt) 대한민국 정치의 미래에 대해 전망한다면?

인공지능 'Midjourney'가 그린 그림

제1장 디지털 민주주의

1. "미디어가 메시지다!"

20년 전 DIGIT*all* 이라는 광고카피를 접했을 때 대부분의 사람들에게 '디지털Digital'은 관념적이고 추상적인 개념일 뿐이었습니다. 그 후로도 한동안 우리는 디지털이 무엇인지 제대로 알지 못했습니다. 스마트폰을 손에 쥐기 전까지는...

"미디어가 메시지다!"라는 마셜 맥루언의 말대로, 멀티-미디어인 스마트폰은 인간의 감각기관을 확장시킴으로써 도서관·우체국·방송국·영화관·음악홀·쇼핑몰 등을 내 손 안에 넣어주는 방식으로 우리의 삶을 바꾸었습니다.

멀티-미디어는 인간의 감각기관만 확장시켜 준 것이 아니라 우리의 시간과 공간도 확장해줬습니다. 드라마를 보면서 '만인의 만인에 대한 토론'을 하거나, 이동 중 TV뉴스를 보는 등 멀티 태스킹이 가능하기 때문에 우리의 하루는 24시간이 아니라 32시간으로 늘었으며, 영상회의 서비스와 실시간 녹취·번역 서비스를 통해 누구나 국제 컨퍼런스를 주최할 수 있는 초공간 세상이 됐습니다.

또한, 인터랙티브-미디어인 인터넷은 인간이 수평적인 관계에서 양방향으로 소통하도록 사고방식과 행동양식을 바꿈으로써 진정한 민주주의 사회를 만들었습니다.

하향식Top-Down으로 일방적One-Way 전달만을 하던 아날로그-미디어 커뮤니케이션Mass-Media에서 수평적 관계에서 양방향Interactive으로 소통하는 디지털-미디어 커뮤니케이션Social-Media으로 진화하면서, 수동적으로 정보를 수용하며 언론이 조성한 여론에 휘둘리던 국민도 능동적으로 정보를 생산 및 공유하며 적극적으로 소통하면서 여론을 형성하는 국민으로 진화했습니다.

매스-미디어를 통해 일방적으로 전달되는 정보를 수동적으로 얻는 세대와 소셜-미디어를 통해 수평적 관계에서 양방향 소통을 하며 능동적으로 정보를 공유하는 세대는 인식하는 방식과 사고하고 행동하는 태도 자체가 완전 다를 수밖에 없습니다. 매스-미디어 세대는 권력자가 제시하는 의제를 수용하고, 권력자가 설정한 프레임 안에서 생각하며, 권력자가 만든 여론의 흐름에 휩쓸리기 때문에 권력자에게 통치를 당하는 것에 익숙합니다. 반면에, 소셜-미디어 세대는 스스로 권력자와 동등한 위치에 있다고 생각할 뿐만 아니라 스스로를 민주주의 국가의 진정한 주권자로 자각하고 있기에, 정치인과 관료들은 국민으로부터 정치권력을 위임받은 수임인일 뿐이라는 것을 잘 알고 있습니다.

국민의 지위가 통치 대상에서 진정한 주권자로 승격된 것입니다. '국민Demos의 지배Cratos'와 '국민民이 주인主인 정치'라는 어원 그대로의 민주주의가 실현된 것입니다.

2. 디지털-미디어 커뮤니케이션의 순기능

디지털-미디어 커뮤니케이션 기술은 "억압적 권력 구조의 해체 및 자유로운 소통 권력의 형성과 언론 독점 권력의 축소 등의 방식으로 민주주의의 현실적 제약을 보완하였고, 이를 통해 민주주의의 이상을 현실화할 수 있는 가능성을 한층 높였습니다."[16]

---

16) 이윤복 (2015)「공화민주주의와 뉴미디어」

"과거에는 주류 언론과 정당의 배제로 인해 정치적으로 대표되는 것이 불가능했던 소수자 집단이 뉴미디어의 정치적 활용을 통해 여론을 형성하는 한 축을 담당하게 되었고,"[17] "뉴미디어에 기반을 둔 정당 활동의 온라인화는 새로운 정당 정치의 활성화를 기대하게 했으며,"[18] "시민들의 지적 역량과 판단 능력을 강화시킴으로써 민주주의의 새로운 지평을 열었습니다."[19]

디지털-미디어 커뮤니케이션 기술은 헌법에만 추상적으로 존재하던 민주주의를 구체화시켰고, 실제가 아니라 이상향일 뿐이던 국민주권을 현실화시켰습니다.

(1) 민주주의의 구체화

매스-미디어 시대에는, 언론이 "누구에게 정보를 전달할 것인지, 어떤 종류의 정보를 전달할 것인지, 그리고 과연 전달할지 말지를 결정"[20]할 수 있는 게이트키퍼[Gate-Keeper]로서 국민들이 관심 가져야 할 이슈 및 사회의 거대담론을 지정하는 '의제설정 권력'을 가지고 있었으며, 특정 사건·이슈에 대해 보도할 때 선택·강조·무시 등을 통해서 사건·이슈의 본질을 규정하고 원인분석과 책임귀인의 방향을 설정할 뿐만 아니라 인지적·감정적 반응 및 행동을 유도함으로써 해법까지 처방하는 '프레이밍 권한'도 독점했습니다.

그러나 디지털-미디어 커뮤니케이션 시대에는, 블로그·트위터·페이스

---

17) 강원택 (2007) 「인터넷과 한국정치」
18) 강원택 (2005) 「정보화, 정당 정치와 대의민주주의 : 변화 혹은 적응?」
    송경재 (2007) 「e-prty, 정당위기의 대안인가?」
19) 이승택 (2021) 「뉴미디어 시대의 알고리즘과 민주적 의사형성」
20) 김균 & 정연교 (2006) 「맥루언을 읽는다 : 마셜 맥루언의 생애와 사상」

북·유튜브 등을 통해 누구나 쉽게 정보를 생산하고 누구에게나 정보를 공유할 수 있으며 오히려 언론보다 더 신속하게 정보를 확산시킬 수도 있기 때문에, 소셜-미디어가 기존 언론이 독점적으로 갖고 있던 게이트키핑 권력과 의제설정 기능을 분점했을 뿐만 아니라, "역으로 기존 언론매체의 의제에 영향을 미치는 매체간 의제설정도 하며 지상파 방송뉴스의 의제를 설정할 수 있는 존재로까지 격상되었습니다."[21]

다시 말해, 수조 원짜리 건물에서 수천억 원의 방송·인쇄 장비를 갖추고 수백 명의 기자들을 고용해야만 정보를 생산하고 배포할 수 있었던 자본집약적 산업이었던 뉴스가 1인-미디어와 디지털 네트워크를 통해 아무나 할 수 있는 사업으로 바뀌게 됨에 따라, 언론이 독점하던 미디어 권력이 국민에게로 넘어갔다는 것입니다.

아직도 매스-미디어의 힘이 적지는 않지만, 수조 원짜리 건물, 수천억 원의 방송·인쇄 장비, 수백 명의 기자 없이도 초등학생 유튜버 한 명이 방송국 하나만큼의 수익을 창출하는 현실을 본다면, '가성비' 측면에서 매스-미디어는 소셜-미디어에 비교가 안 될 정도입니다.

정보가 곧 권력인 시대, 국민이 정보를 생산 및 공유할 수 있는 힘이 있다면 그것이 바로 민주주의이고 국민주권이라고 할 수 있습니다.

(2) 국민주권의 현실화

인터넷 언론사 오마이뉴스의 "모든 시민은 기자다"라는 슬로건대로, 모든 국민들이 기자인 시대가 열렸습니다. 스마트폰만 있다면 누구나 언제 어디서든 기사를 쓰고 사진을 첨부하여 전 세계 어디에 있는 사

---

21) 최수연 & 임종섭 (2013) 「지상파 방송뉴스와 트위터, '나는꼼수다'의 의제관계성 : 2011년 서울시장 선거를 중심으로」, 임종섭 (2016) 「국내 디지털뉴스 의제의 흐름에 대한 거시적 분석」

람에게든 공유할 수 있기 때문입니다.

반면에 국회의원 등 공직자들은 언제 어디서 누구로부터 감시당할 수 있는 상태가 됐으며, 말 한마디 함부로 해서는 안 되며 길거리에서 무단횡단조차 해서는 안 될 정도로 언행을 조심해야 합니다. 언론 인터뷰나 소셜-미디어 게시글은 물론 사적인 공간에서의 개인적인 발언이나 식당에서 술잔을 기울이는 모습조차도 사진이나 영상으로 담겨 영원히 기억될 수 있습니다.

국회의원 등 공직자들을 감시하는 눈은 많아졌고 그 눈들의 높이도 갈수록 높아지고 있습니다. 「부정청탁 및 금품등 수수의 금지에 관한 법률김영란법」이 제정될 때 「이해충돌방지법」은 제외돼서 '반쪽 짜리 입법'이라는 비판을 받았습니다. 당시 국회의원들이 "이해충돌을 처벌하게 될 경우, 국회의원들은 다 감방에 가게 될 것"이라며 반대했지만 결국 6년 만에 「이해충돌방지법」도 입법이 됐습니다.

국민들의 눈높이에 맞추지 못하는 국회의원 등 공직자는 바로 퇴출될 수밖에 없습니다. 대한민국은, 전 국민이 정치 관련 정보를 실시간으로 공유하고 국가의 본질과 헌법 수호에 대해 토론하며 전 세계가 한 번도 경험 못했던 대통령 탄핵 절차를 비폭력적으로 질서정연하게 실현함으로써 서양의 기존 정치 선진국들에게 진짜 '명예' 혁명이 무엇인지 보여줄 정도의 '진짜' 정치 선진국이기 때문입니다.

그러나 얻는 것이 있는 만큼 잃는 것도 있는 법입니다.

소셜-미디어가 민주적인 정보 생산·공유 시스템을 통해 진정한 민주주의를 이룰 수 있도록 해주었지만, 역설적으로 이 효율적인 시스템이 저널리즘을 망치고 결국 민주주의 시스템의 위기를 초래하며 공동체를 해체하고 있습니다.

3. 디지털-미디어 커뮤니케이션의 역기능

소셜-미디어의 정보는 부정확할 수도 있고 사실 알고 보면 광고일 수도 있습니다. 나의 페이스북 '친구'는 사실 대기업의 '뒷광고'를 싣는 바이럴 마케터일 수도 있고, 내가 팔로잉하는 트위터의 '헤비 유저Heavy User'의 직업은 정치 프로파간다를 전문으로 하는 국회의원 보좌관일 수도 있으며, 내가 구독하고 있는 유튜브 채널 '대안언론, 시사XXX'가 실제는 광고와 슈퍼챗에 목숨 거는 사이비 언론일 수도 있습니다.

디지털-미디어 커뮤니케이션 환경에서 '가성비' 우위의 1인-미디어들이 쏟아내는 진위 불명의 정보들과의 속보 경쟁, 선정성 경쟁 속에서 저널리즘의 위상도 흔들리고 있고, 언론인들은 무기력해지고 있으며, 언론 환경은 점점 더 황폐화되고 있습니다.

'필터 버블'[22]에 갇힌 개인들은 파편화 되어 공동체로부터 떨어져 나가고 있으며, 즉흥적이고 격정적인 사이버 군중이 법치주의를 흔들기도 하고, 소셜-미디어로 인해 여론이 왜곡되어 대의민주주의 시스템의 위기를 초래하기도 하며, 진영 간 대립이 심화되면서 정치 양극화가 심화되고 갈등이 깊어지게 되어 공동체의 통합을 저해하고 있습니다.

(1) 언론 환경의 황폐화와 저널리즘의 무기력화

언론의 기능은 공동체 구성원들이 알아야 할 현안Issue과 논의해야 할 의제Agenda를 설정하는 것입니다. 그런데 공동체의 중요한 현안과 의제는 주로 공동체를 해치는 권력의 부패와 공동체 구성원들을 착취하는

---

22) 필터 버블 (Filter Bubble) : 포털이나 소셜-미디어의 인공지능 알고리즘이 이용자의 개인적 성향이나 관심사, 사용 패턴, 검색 기록 등의 데이터를 수집하여 분석하고, 이를 필터링 하여 제공하는 '개인 맞춤형 정보'만 이용자에게 도달하는 현상

자본의 비리가 대부분이고, 권력과 자본에 대한 비판을 통한 감시와 견제가 바로 언론이 해야 할 역할입니다. 그래서 언론을 사회의 불의와 불공정에 대한 감시견^{Watch Dog}이라고 합니다.

언론은 정부나 기업이 주는 광고비로부터 자유로워야 기업·정부의 눈치를 보지 않고 언론 고유의 역할을 제대로 수행할 수 있습니다. 정부·기업의 광고비에 의존하여 언론사를 운영하면서 정부의 잘못이나 기업의 비리에 대한 고발을 제대로 하기는 매우 어렵기 때문입니다.

권력과 협력관계 또는 자본과 공생관계에 있는 언론은 하루종일 먹고 잠만 자는 반려견^{Lap Dog, Sleeping Dog} 신세나 마찬가지입니다. 주인도 못 알아보는 반려견은 유기견이 될 수도 있습니다.

인공지능 'Midjourney'가 그린 강아지 그림

정부의 베트남전쟁 관련 거짓말과 비리를 폭로한 '뉴욕타임즈^{The New York Times}'나 닉슨 대통령의 야당 도청 사건을 취재하여 고발한 '워싱턴포스트^{Washington Post}'처럼, 언론이 권력이나 자본과 타협하지 않고 국민들의 알권리를 보장해주며 사회의 담론을 주도해 공동체를 더 나은 방향으로 이끌어 갈 때, 언론인도 국민들로부터 존경받고 언론사도 권위를 인정받을 수 있으며, 이러한 명예와 자부심은 곧 수익으로 연결되고, 권력과 자본으로부터 독립된 언론이 더욱 감시와 견제 기능에 충실할 수 있는 선순환이 이루어질 수 있습니다.

그런데 디지털-미디어 커뮤니케이션 환경에서는 뉴스 컨텐츠 시장을 사실상 독점하고 있는 포털과 저널리즘이라는 지성주의를 거부하는 감성적 소셜-미디어 이용자들에 의해 저널리즘이 갈수록 황폐해지고 있습니다.

언론이 권력과 자본으로부터 독립되기 위해서는 뉴스라는 공신력 있는 정보 자체만으로 컨텐츠 수익을 내는 것이 중요한데, 뉴스 컨텐츠 소비가 주로 포털을 통해서 이루어지기 때문에 언론인들이 포털 뉴스 섹션 상위노출을 위해 속보 경쟁과 클릭을 유도하는 자극적인 제목 낚시질 경쟁에 몰두할 수밖에 없습니다. 따라서 언론인들에게 전문성을 바탕으로 한 깊이 있는 기사를 작성할 수 있는 시간은커녕, 정확한 정보인지 아닌지 팩트체크를 할 시간조차 주어지지 않고 있습니다.

언론인들이 가십기사나 소셜-미디어·커뮤니티 게시글을 사실 확인 없이 'Ctrl+C' & 'Ctrl+V' 하면서 클릭수 경쟁을 위한 어뷰징[23]에 매진하고, 독자들은 그런 언론인들에게 "사회적 책무를 다하지 않는다"고 비난하며 언론을 신뢰하지 않기 때문에, 더 이상 언론인이 존경받지 못하고 언론인 스스로도 자부심이 떨어지고 있습니다.

기자라는 직업이 힘들고 고된 일이라는 인식이 퍼지면서, 더 이상 선망의 직종이 아니라 기자 지망생들도 줄어들게 되고 저널리즘은 더욱 위축되는 악순환이 반복되고 있습니다.

포털과 소셜-미디어의 개별화·개인화·맞춤화 알고리즘에 의해 뉴스가 전달된다면, "n번방의 악마, 박사와 갓갓의 얼굴 공개"와 같은 선정적

---

23) 어뷰징 (Abusing) : 포털 사이트에서 언론사가 의도적으로 검색을 통한 클릭수를 늘리기 위해 동일한 제목의 기사를 지속적으로 전송하거나 인기검색어를 올리기 위해 클릭수를 조작하는 행위.

인 뉴스만 포털과 소셜-미디어에 노출되고, "n번방의 진짜 공범은 모든 남성"과 같이 불편한 뉴스는 시야에서 사라질 것입니다. "착한 치킨집 사장 돈쭐난 이유는?"와 같은 제목장사 뉴스에만 흥미를 갖고 "치킨집사장, 배달노동자, 소비자 모두 불만…배달의민족만 웃었다"와 같이 재미없는 사회 고발 뉴스에는 관심을 갖지 않게 될 것입니다. "러시아, 우크라이나 시민 학살"처럼 트랜디한 뉴스는 많이 보지만 "미얀마, 민간인 학살"처럼 트랜드가 아닌 뉴스는 보지 않게 됩니다.

즉 공동체를 위해 꼭 봐야 할 뉴스라 할지라도 사람들이 클릭하지 않는다면 타임라인에 노출되지 않고 따라서 나의 관심사에 관한 연성 뉴스만 받아 보게 되는 것입니다.

만약 유튜브가 언론을 대체한다면, 세상은 자극적인 가짜뉴스, 갈등과 반목, 증오와 저주만 난무하는 디스토피아가 될 것입니다.

⑵ 여론 왜곡과 정치 양극화

디지털-미디어 커뮤니케이션에서는 텍스트 정보보다 이미지나 영상 정보를 통한 소통이 훨씬 많습니다. 따라서 직관적이고 감각적인 소통문화가 형성될 수밖에 없습니다.

실제로 소셜-미디어는 호불호好不好, 감동과 실망, 열광적인 소비, 분노와 말싸움 등 감정적 커뮤니케이션이 주로 이루어지고 있는 감정적 미디어라고 봐도 과언이 아닙니다. 감정의 동물, 즉 "대뇌피질이 '이성'과 '논리'로 포장했지만 그 안의 핵심은 원시적 감정의 뱀의 뇌"[24]인 인간의 본성에 충실한 미디어라고 볼 수도 있습니다.

---

24) Mark Goulston (2015) 「뱀의 뇌에게 말을 걸지 마라 (Just Listen : Discover the Secret to Getting through to Absolutely Anyone)」

소셜-미디어 이용자들은 정치 고관심층으로서 오피니언 리더라는 자부
심을 넘어 자기고양편향[25]이 강하며 타인에게 인정받기 위해 "뉴스 검
색·생산·공유를 과시적 자기표현을 위해 하고"[26], 소셜-미디어 내 집단
지성을 통해 의제설정을 하며 대중의 관심을 받는 것에서 정치 효능감
을 느끼며, 제3자 효과[27]와 적대적 매체 지각[28]에 매몰되어 언론을 무
시하는 반反지성주의적 행태를 보이기도 합니다.

인공지능 알고리즘에 의한 선택적 노출Selective Exposure과 선택적 주의집중
Selective Attention은 이용자들을 '필터 버블'에 갇히게 하고, 확증편향[29]과 집

---

25) 자기고양 편향 (Self-Enhancement Bias) : 자신의 성공은 자신의 내부적 특성의 덕
이라 생각하고, 실패는 외적 상황·환경 탓으로 돌리는 편향적 사고. 자신이 초래한
긍정적 결과에 대해서는 과대평가하는 반면, 부정적 결과에 대해서는 과소평가하는
경향

26) 김연주 & 가내원 (2019) 「SNS상의 나의 모습은 삶의 행복을 주는가?: SNS 내 과
시적 자기표현과 우울감」

27) 제3자 효과 (The 3rd Person Effect) : 일반 사람들에게는 미디어의 영향력이 크지만
자신에게는 별로 영향을 미치지 않는다는 편견. 예컨대, "언론의 왜곡보도 때문에 대
한민국 정치의 미래가 걱정된다."고 말하는 것으로, 자신은 언론의 왜곡된 보도를 보
고 진위를 판단할 수 있는 분별력을 가지고 있지만, 일반 사람들은 그 보도를 보고
그대로 믿어 잘못된 판단을 할 것이라고 생각하는 것.

28) 적대적 매체 지각 (Hostile Media Perception) : 자신의 정치적·이념적 성향과 다른
논조의 댓글을 접했을 때 기사 자체가 편파적이라고 인식하는 경향

29) 확증편향 (Confirmation Bias) : 마음가짐·인식·신념·태도·첫인상·선입견 등 기존 정
보와 다른 새로운 정보를 접할 경우, 모순되는 두 인지 요소 사이의 인지적 부조화
(Dissonance)·불일치(Inconsistency)·불협(Discord)이 발생하여 의식적이든 무의식
적이든 불쾌감·초조함·불안감·긴장감·갈등과 같은 심리적 불편함(Psychological Dis-
comfort)을 느끼게 되는데, 이러한 인지 부조화 또는 인지적 불균형 상황에서 심리
적 불편함을 극복하기 위해 ① 새 정보에 꿰맞춰 기존 정보 교체함으로써 자기 합리
화를 하며 내적 일관성을 유지하거나, ② 기존 정보를 확인·유지·정당화·강화해줄 수
있는 새 정보에 의도적으로 선택적 노출(Selective Exposure)되어 자기강화(Self-

단극화[30]를 강화시킴으로써 이념 간, 진영 간 대립이 심화시키고 있으며, 이런 험악한 여론의 장에서 소셜-미디어 이용자들은 동조[Conformity] 또는 침묵[The Spiral of Silence][31]을 강요 받게 되어 여론이 왜곡되기도 하고,

다원적 무지[32] 상황에 놓임으로써 왜곡된 여론을 지각하는 악순환이 반복되고 있습니다.

집단지성[Collective Intelligence]이라고 믿고 있는 것도 사실은 합의착각[33] 중인 소수의 집단사고[Groupthink]일 수 있으며, 이러한 현상들은 결국 정치 양극화를 심화시키고 공동체의 갈등을 깊게 만들어 사회 통합을 방해하고 있습니다.

"다른 사람들과 만나 그들이 다른 생각과 행동을 하는 것을 경험하는 것은 아주 가치 있는 소통이며 진보의 중요한 원천입니다."[34] "우리가 서로 세상에 대한 시각을 공유하고 다른 생활방식과 다른 욕구를 가진 사람들과 서로 살을 맞대고 살아감으로써 편협한 자기 이해관계를 넘어 생각할 수 있을 때 민주주의가 제대로 작동하는데, 필터버블에 의해 개별화된 맞춤 뉴스는, 세상에 대한 기존의 개념을 지지하는 정보만 선호하고 그렇지 않은 정보는 무시하는 확증편향을 극단적으로 증폭시킴으로써 집단극화로 인한 사회분열을 초래하고 있습니다."[35]

---

32) 다원적 무지 (False-Consensus Effect) : "여론형성 과정에서 많은 사람들이 자신의 의견을 말하지 않으면서 자신의 의견은 다른 사람의 의견과 다르다고 오판하여 자신의 의견이 집단공중 속에서 다수의견임에도 불구하고 소수의견이라고 잘못 지각해 침묵하거나, 반대로 사실은 자신의 의견이 소수의견임에도 불구하고 다수의견이라고 지각해 타인의 의견을 소수 의견으로 경시하는 이해의 무지 상황" (Breed & Ktsanes, 1961) (유일상, 2002)
33) 다원적 무지는 합의착각과 갈등착각 두 종류가 있음. (박종민 & 신명희, 2004)
　　① 합의 착각 = 허위 합의 = 일치성 다원적 무지 (False Consensus) : 자신의 의견이 소수의견에 속함에도 불구하고 공중의 다수의견과 같다고 추측하는 인지편향
　　② 갈등 착각 = 허위 비합의 = 비일치성 다원적 무지 (False Conflict) : 자신의 의견이 공중의 다수의견과 같음에도 불구하고 소수의견에 속한다고 추측하는 인지편향
34) John Stuart Mill
35) Eli Pariser (2011) 「The Filter Bubble」

이러한 심리적 특성으로 인한 중독성을 이용한 것이 바로 페이스북의 '좋아요' 시스템입니다.

유튜브 인공지능 알고리즘도 "시청자를 더 많이 끌어 모을수록 돈을 벌게 해주는 단순한 수익구조와 화학작용을 일으키며 그 결과로 극단 성향의 영상이 무한 증식"[36]되도록 프로그래밍되어 있습니다.

"정보 생산자 입장에서도, 보다 더 극단적인 이야기를 더 격노하며 더 길게 방송하며 이용자들을 더 자극하는 컨텐츠를 유튜브에 업로드하고 그럴수록 구독자수 및 조회수가 늘어나고 이는 광고·후원 수익 극대화로 이어지기 때문에"[37], 유튜브는 '관종'들끼리 만인의 만인에 대한 투쟁을 벌이는 '아수라'가 되었습니다.

맵고 짜고 독한 컨텐츠가 늘어나고 구독자·조회 수가 늘어날수록 유튜브 알고리즘은 필터버블을 점점 더 크게 만들고 확증편향으로 인해 집단극화가 심해지는데 "집단극화가 강화될수록 분노표출도 심해지며"[38] 이러한 분노가 다시 수익 극대화로 이어지는 악순환이 반복됩니다. 포털과 소셜-미디어 기업들이 이용자들의 감정 소비, 에너지 낭비, 인성 마비, 인생 허비를 바탕으로 막대한 부를 쌓고 있는 것입니다.

(3) '정치의 과잉'과 '정치의 부재不在' 사이의 짬짜미

소셜-미디어가 민주적 소통 시스템을 통해 민주주의를 심화시킨 것은 분명합니다. 그러나, 적극적으로 활동하는 조직된 소수의 의견이 과잉 수렴되고 과잉대표됨으로써 극단적 주장이 여론으로 포장Wag the Dog되어

---

36) 전웅빈 (2021) 「알고리즘이 부추기는 여론 극단화」

37) Baum & Groeling (2008) ; Sobieraj & Berry (2011)

38 남경덕 & 김유정 (2019) 「1인 미디어에서 분노표출에 영향을 미치는선행 요인 연구: 1인 미디어 이용형태와 집단극화를 중심으로」

여론이 왜곡되고 확증편향과 집단 극화가 심화됨에 따라, 소셜-미디어가 정치 고관심층에게는 갈등과 반목, 증오와 저주의 장을 마련해주고, 중도층에게는 "정파적으로 양분된 여론 지형에서 선거를 통한 정치효능감이 저하되게끔"[39] 정치무관심을 강요하고 정치혐오를 조장하고 있는 것도 사실입니다.

그런데 이러한 문제들을 해결해야 할 정치인들이, 소셜-미디어로 인한 갈등과 반목, 증오와 저주의 장을 기득권 유지·강화 등 정치적 이익을 위해 이용하고 있습니다. 장기적으로는 공동체를 위협하고 있다는 것을 잘 알지만 단기적으로는 선거에 도움이 된다는 것 또한 잘 알고 있기 때문입니다.

디지털 민주주의 덕에 당원들은 정치인에 대한 감시와 견제를 넘어 통제까지 할 수 있는 방법을 찾았습니다. 수만 개의 문자폭탄으로 정치인의 스마트폰을 사용할 수 없도록 만든다든지, '1원 후원금'으로 국회의원실 업무를 마비시켜 놓는 합법적 업무방해를 통해 정치인의 멘탈을 흔들어 놓을 수도 있고, 몇 일만에 1억 5천만 원 한도의 후원금 계좌를 꽉 채워주는 방법으로 당원들의 위력을 보여줄 수도 있습니다. 이런 당원들의 에너지를 잘 모으면 재선이라는 목표달성도 훨씬 수월해집니다.

정치는 사람들이 분노를 표출하고 싸우면서 스트레스를 풀고, 싸움을 붙이고 구경하면서 흥미를 느낄 수 있는 엔터테인먼트가 되어버렸고, 정치인은 소셜-미디어를 통해 전투력을 자랑하면서 지지자의 환호를 갈구하는 '글라디에이터[40]'로 전락해버렸습니다.

---

39 임종섭 (2015)
40 Ridley Scott (2000) 「Gladiator(검투사)」

재선을 위한 후원금 욕심 때문에, 대화와 타협을 통해 공동체의 이해관계를 조정하고 갈등과 반목을 해소함으로써 사회를 통합해야 하는 정치인으로서의 책무는 까맣게 잊어버린 것입니다.

4. 디지털-미디어 커뮤니케이션의 최적화

저널리즘의 황폐화로 인한 공동체의 파편화와 여론왜곡, 정치 양극화 심화와 사회 분열, 정치무관심과 정치혐오, 정치적 이익을 위해 갈등과 반목, 증오와 저주를 조장하는 정치문화 등 암울한 상황에도 불구하고 대한민국 정치의 미래에는 희망이 있습니다.

국민들은, 언론이 권력과 자본으로부터 독립되어 정부의 잘못이나 기업의 비리에 대한 고발과 비판을 통해 감시와 견제 역할을 다해야 하며, 공동체 구성원들이 알아야 할 현안^{Issue}과 논의해야 할 의제^{Agenda}를 설정함으로써 더 좋은 사회로 발전할 수 있는 비전과 방향제시를 해야 한다고 생각하고 있습니다.

또한 필터버블을 만들어 확증편향을 조장하고 정치 양극화를 심화시키며 공동체를 분열시키면서 수익 창출을 하고 있는 소셜-미디어에 대해 비판적 시각을 갖고 있는 국민들이 점점 늘어나고 있습니다.

얼마 전까지 유튜브를 대안 언론으로 인식하던 이용자들도, 이제는 유튜버들이 자극적인 컨텐츠나 극단적인 메시지로 구독자수 및 조회수가 늘림으로써 광고·후원 수익 극대화를 노리고 있다는 것을 깨닫고 이를 경계하기 시작했습니다.

국민 전체의 집단지성으로 이러한 문제들을 해결하고 민주주의 시스템을 발전시킴으로써 정치문화의 변화와 개선이 이루어질 것이며, 대화와 타협을 통해 공동체의 이해관계를 조정하고 갈등과 반목을 해소함으로써 사회를 통합해야 하는 책무를 방기한 채 사리사욕만 추구하는 정치인들에게도 철퇴를 가할 것입니다.

정치 양극화를 이용하는 팬덤 정치에 대한 자성하는 분위기가 조성될 것이고, 정치 양극화를 해소하고 통합하는 방향으로 나아갈 것입니다.

제2장 민주주의는 결국 분권分權이다

사실상 전제군주국인 북한조차도 민주주의 공화국이라고 표방할 정도로 거의 대부분의 국가들은 스스로 민주주의 국가라며 자처하고 있습니다. 민주주의라는 용어를 이렇게 상투적으로 아무나 사용하는 것은, 2000년 동안 다양한 모습을 보여줬기 때문입니다.

예컨대, 페리클레스는 다수의 동의를 바탕으로 하는 국가 시스템의 효율성을 극찬했지만 플라톤과 아리스토텔레스는 이를 중우정치로 규정하며 경멸했던 것처럼 민주주의에 대한 다양한 평가가 가능하고, 프랑스·영국·미국 혁명이라는 발전적 성공과 파시즘·나치즘이라는 절망적 실패를 반복하는 역사 속에서 민주주의는 변화무쌍한 모습을 드러냈습니다.

민주주의는 '시간'과 '공간' 그리고 '인간'들 사이 변증법의 산물이라고 할 수 있습니다.

실제 정치현실에서 정당을 통해 국민 여론이 모이고 선거에 의해 공동체의 집단지성이 도출되면서 리더가 선출되며 공동체 규범이 만들어지고 국가의 정책 입안·결정·집행 등 국정운영이 이루어지는 상호작용을 통해 사회가 통합되고 국가가 조직되는 과정Political Process이 바로 민주주의입니다.

민주주의가 제대로 작동하면 공동체가 통합되고 발전하지만, 제대로 작동하지 않는다면 공동체는 분열되고 내전으로 치닫게 됩니다.

민주주의라는 정치과정Political Process에 국가의 명운이 걸려있지만, 특히 대한민국은 롤러코스터처럼 다이내믹한 민주주의를 경험하고 있습니다.

민주주의는, 개념 자체에 규정하고 있듯이 '국민이 지배하는 정치'[41] 또는 '국민이 주인 정치'[42]입니다.

민주주의는, 소수의 개인이나 집단이 아니라 모든 국민에 의해 국가의 규범이 정해지고 국가가 조직되며, 모든 국민이 평등하게 주권을 가지고 있고, 모든 국민의 이익을 위한 정책이 공정하게 입안·결정·집행되는 정치 시스템입니다.

다시 말해, 국가의 주권과 사회적 가치 등 다양한 형태의 이익 또는 권리가 모든 국민에게 골고루, 공정하게 나누어져야 한다는 것입니다.

다양성을 존중하는 포용적 민주주의도 결국 일맥상통하는 말입니다.

권력이 집중되면 남용될 수밖에 없으며 반드시 부패하게 됩니다. 그러나 권력이 분산된다면 서로 견제하면서 균형을 이루며 국민에 의한 통제가 가능하고 결국 국민의 기본권 보장에 충실하게 됩니다.

자본이 집중되는 것은 탐욕의 힘이고, 언제나 약자 대한 착취를 전제로 합니다. 노동자·서민으로부터 재벌·자본가에게로, 아프리카 등 제3세계에서 미국 등 강대국으로 자본이 집중되는 과정에 누군가는 피·눈물 흘리고 목숨을 잃는 희생을 수반합니다. 그러나 자본이 분산되는 경우는 항상 선한 영향력이 드러나게 되어 있습니다.

중앙정부에 권력이 집중되는 것은 또 다른 특권계급을 만들고 차별을 하는 것입니다. 그러나 지방정부로 권력이 분산된다면 관심과 참여를 통해 공동체가 통합될 것입니다.

남성 중심 사회에서 양성 평등의 사회로 정치문화가 변해야 합니다.

---

41 Democracy = Demos + Cratos (국민의 지배)
42 民主主義 = 民 + 主 (국민이 주인)

기성 세대에서 청년 세대로, 기회가 이양되어야 합니다.

민주주의는 결국 분권입니다. 권력이 모든 국민 수만큼 권력이 나누어질 때 민주주의 시스템이 완성되는 것입니다.

민중주의^{Populism}를 주장하는 것은 아닙니다. 엘리트주의^{Elitism}도 문제가 있지만 그렇다고 파퓰리즘이 최선은 아닙니다. 다만, 정치 엘리트들인 국회의원이나 고위공직자들이 헌법정신에 충실하게 대한민국의 주권자인 국민을 진심으로 존경하고 국민의 뜻에 따라 직무를 해야 한다는 것입니다.

이러한 민주주의 정신이 헌법의 국민주권, 경제민주주의, 지방분권, 양성평등 조항에 담겨있습니다.

※ 헌법의 국민주권 조항

제1조 　　① 대한민국은 민주공화국이다.

　　　　② 대한민국의 주권은 국민에게 있고, 모든 권력은 국민으로부터 나온다.

제24조 　모든 국민은 법률이 정하는 바에 의하여 선거권을 가진다.

※ 헌법의 경제 민주주의 조항

제23조 　① 모든 국민의 재산권은 보장된다. 그 내용과 한계는 법률로 정한다.

제119조 　② 재산권의 행사는 공공복리에 적합하도록 하여야 한다.

　　　　① 대한민국의 경제질서는 개인과 기업의 경제상의 자유와 창의를 존중함을 기본으로 한다.

제122조 　② 국가는 균형있는 국민경제의 성장 및 안정과 적정한 소득의 분배를 유지하고, 시장의 지배와 경제력의 남용을 방지하며, 경제주체간의 조화를 통한 경제의 민주화를 위하

여 경제에 관한 규제와 조정을 할 수 있다.

국가는 국민 모두의 생산 및 생활의 기반이 되는 국토의 효율적이고 균형있는 이용·개발과 보전을 위하여 법률이 정하는 바에 의하여 그에 관한 필요한 제한과 의무를 과할 수 있다.

※ 헌법의 지방분권 조항

제117조　① 지방자치단체는 주민의 복리에 관한 사무를 처리하고 재산을 관리하며, 법령의 범위 안에서 자치에 관한 규정을 제정할 수 있다.

② 지방자치단체의 종류는 법률로 정한다.

제118조　① 지방자치단체에 의회를 둔다.

② 지방의회의 조직·권한·의원선거와 지방자치단체의 장의 선임방법 기타 지방자치단체의 조직과 운영에 관한 사항은 법률로 정한다.

※ 헌법의 양성평등 조항

제11조　① 모든 국민은 법 앞에 평등하다. 누구든지 성별·종교 또는 사회적 신분에 의하여 정치적·경제적·사회적·문화적 생활의 모든 영역에 있어서 차별을 받지 아니한다.

제32조　④ 여자의 근로는 특별한 보호를 받으며, 고용·임금 및 근로조건에 있어서 부당한 차별을 받지 아니한다.

제34조　③ 국가는 여자의 복지와 권익의 향상을 위하여 노력하여야 한다.

1. 진정한 국민주권 구현

앞으로는 국민이 민주국가의 주권자로서 대한민국이라는 공동체의 발전과 번영을 위해 집단지성을 발휘하고 주권을 실현하게 될 것입니다.

고위공직자들의 기득권 및 특권 내려놓기가 시대정신이 될 것이고, 공직 윤리 등 공직자 의 규범이 더욱 강화될 것이며, 그동안 관행이던 고위공직자의 전관예우와 같은 부패가 사법 규범화되어 위반 시 강력한 처벌이 수반되는 등 국회의원 및 고위공직자의 규범이 국민의 눈높이에 맞도록 더욱 엄격해질 것입니다.

이렇게 정치문화가 바뀜으로써 국회의원 등 고위공직자들이 국민의 신뢰를 얻게 될 것입니다.

(1) 고위공직자의 기득권 및 특권 내려놓기

먼저, 고위공직자의 기득권 및 특권 내려놓기가 시대정신이 될 것입니다. 지금까지의 관행이던 고위공직자의 전관예우와 같은 부패가 사법 규범화 될 것입니다. 이러한 규범강화를 위해서는, 공직자 윤리 교육이 강화될 것입니다. 앞으로는 공직자들에게 더 높은 윤리적 교육이 이루어질 것으로 예상됩니다. 또한, 부패 탐지와 처벌이 더욱 엄격하게 이루어질 것입니다. 이를 위해서는, 공정하고 선별된 검사 기구들이 설치되어야 하며, 각종 탐사 활동이 철저하게 이루어져야 합니다.

국회의원에게도 3선 제한, 보좌관·후원금 등 국회의원의 특권 내려놓기, 국회의원의 정치자금 등 사용에 대한 통제 강화, 국회의원의 외유성 해외출장 금지, 국회의원의 부동산·주식·비트코인 등 영리추구 및 투자투기 금지, 고위공직자 전관예우의 부패범죄화, 대통령의 낙하산 인사 근절 등을 통해 정직하고 투명한 정치문화가 정착될 것입니다.

⑵ 고위공직자의 신뢰 회복을 위한 제도 개선

법적규제 강화

고위공직자들의 비정상적인 부동산 거래나 뇌물 수수 등에 대한 처벌을 강화하는 법적 규제가 이루어질 것입니다. 또한 법적 규제를 위한 체계를 강화하고 고위 공직자들의 부정부패를 발견하고 처벌하는 절차를 간소화하기 위한 시스템 구축이 이루어질 것입니다.

감사 체제 강화

고위공직자들의 재산을 감사하는 체제를 보완하고 감사의 범위를 확대하여 고위공직자들의 재산 취득과 관련한 부정부패를 더욱 철저히 감시할 것입니다. 또한, 고위공직자들의 신뢰성 평가를 위한 체제를 도입하여 부정부패를 예방할 수 있도록 할 것입니다.

⑶ 관행으로 용인되던 전관예우의 부패범죄화

정치부문에서 부패는 오랫동안 어려운 문제였습니다. 특히, 공직자들이 행하는 부패 행위는 사회적 문제로 떠오르며, 정치적인 불신을 일으키는 주요 요인 중 하나입니다. 부패는 국가의 정치, 경제, 사회, 문화 등 모든 분야에 영향을 미치며, 국가 발전의 큰 장애물이 될 수 있습니다.

그러므로 앞으로는 부정청탁이나 이해충돌 등 부패범죄에 대한 더욱 엄격한 기준이 도입될 것으로 예상됩니다. 이를 위해 다음과 같은 목표와 방안이 제시될 것으로 보입니다.

부패 탐지 체계의 강화

고위공직자들의 부패 행위를 탐지하기 위한 체계를 강화할 필요가 있습니다. 이를 위해 수사기관과 협력하여 효과적인 수사와 조사가 이루어지도록 하고, 부패 탐지를 위한 신고 체계를 개선하여 국민들이 의심되는 부패 행위를 신고할 수 있는 환경을 조성해야 합니다.

고위공직자의 부패 탐지 및 처벌 강화

부패행위가 발견된 경우, 엄정한 처벌이 이루어져야 합니다. 이를 위해 법적 규제를 강화하고 범죄에 대한 엄격한 형사처벌을 내리는 것은 물론, 재산 추징과 같은 제재를 도입하여 부패로 얻은 이익을 몰수할 수 있도록 해야 합니다. 이를 통해 고위공직자들은 부패행위의 위험성과 엄중한 처벌을 알게 되어 부패에 대한 경계심을 가지게 될 것입니다.

사법 규범의 강화

고위공직자들의 부패 행위는 사법 규범에 따라 처리되어야 합니다. 따라서 사법 체계의 강화와 법률의 개선이 필요합니다. 법조인의 독립성과 공정성을 보장하고, 재판 절차의 투명성과 공정성을 확보하여 부패 행위에 대한 신속하고 정의로운 재판이 이루어질 수 있도록 해야 합니다.

교육과 문화의 변화

고위공직자들의 부패는 윤리적인 문제입니다. 따라서 고위공직자들에게 윤리 교육을 강화하고 도덕성을 강조하는 교육 프로그램을 개발하여 부패 예방의 기반을 마련해야 합니다. 또한, 전체 사회적인 분위기를 변화시키기 위해 부패에 대한 인식 개선을 위한 대중 교육과 캠페인을 실시해야 합니다. 이를 통해 부패 문화를 근절하고 정치인과 공직자들의 도덕성과 윤리적 행동을 증진시킬 수 있을 것입니다.

부패 탐지를 위한 정보화 기술의 활용

부패 탐지와 예방을 위해 정보화 기술을 적극적으로 활용하는 것이 중요합니다. 데이터 분석, 인공지능, 블록체인 등의 기술을 활용하여 금융 거래, 재산 변동 등을 실시간으로 모니터링하고 의심스러운 패턴이나 행위를 자동으로 감지할 수 있도록 해야 합니다. 또한, 공공부패에 관련된 정보를 신속하게 공유하고 처리할 수 있는 정보 플랫폼을 구축하여 정부 기관 간의 협력과 투명성을 높여야 합니다.

국민의 참여와 감시 체제 강화

부패 문제는 국민들의 참여와 감시가 없이는 해결하기 어렵습니다. 따라서 국민들이 부패를 신고하고 감시할 수 있는 체계를 구축해야 합니다. 신고자의 보호와 익명 신고 체계를 도입하여 누구나 부패에 대한 정보를 제공할 수 있도록 해야 합니다. 또한, 국민들의 의식 개선과 부패에 대한 인식을 높이기 위한 국민 교육 프로그램과 캠페인을 지속적으로 실시해야 합니다. 국민들이 자발적으로 부패를 탐지하고 신고할 수 있는 문화가 확산되면 부패 탐지 및 처벌이 더욱 강화될 것입니다.

2. 경제 민주주의 실현

경제 민주주의는 국가의 경제활동을 민주주의적 가치와 원리에 따라 이끌어가는 원리로, 재산권과 경제적 활동의 자유를 인간의 기본적 권리로서 보장하지만, 공동체의 통합을 위해 경제적 권력의 집중을 방지하고 경제력의 남용을 제한함으로써 민주주의 이념을 지키는 것을 말합니다.

(1) 경제 민주주의의 필요성

경제 민주주의는 경제적 권력의 집중을 방지하고, 공정한 경제적 경쟁을 촉진시키는 역할을 합니다. 대기업들이 경제적 권력을 독점하고, 소규모 기업들이 경제적 억압을 받는 상황에서는 경제적 혁신과 발전이 어렵습니다. 경제적 자유와 평등이 보장되면 모든 기업들이 공정한 경제적 경쟁을 할 수 있으며, 그 결과로 경제적 혁신과 발전이 가능해집니다.

또한, 경제 민주주의는 사회적 안정과 평화를 보장하는데 중요한 역할을 합니다. 경제적 억압이나 불평등이 심화될 경우, 사회적 갈등이 생기고 경제적 불안정성이 증가합니다. 경제적 자유와 평등이 보장되면 불안정성이 감소하고 사회적 안정과 평화를 유지할 수 있습니다.

이러한 이유로 경제 민주주의는 경제 성장과 발전, 사회적 안정과 평화를 위해 필수적인 요소로 간주됩니다. 따라서, 경제적 자유와 평등을 보장하고, 경제적 창조성과 혁신성을 높이는 데 초점을 맞춘 정책과 제도적 개선이 이루어져야 합니다.

(2) 경제 민주주의의 효과

균형잡힌 소득 분배

경제 민주주의는 국민경제의 성장과 안정을 유지하면서 적정한 소득 분배를 추구합니다. 이를 통해 재산과 소득의 공정한 분배를 실현할 수 있습니다.

시장의 지배와 경제력의 남용 방지

경제 민주주의는 시장 경제를 중심으로 하되, 시장의 지배와 경제력의 남용을 방지합니다. 이를 위해 정부는 경제에 대한 규제와 조정을 수행하여 시장의 균형과 경쟁을 유지합니다.

국민참여의 증대

경제 민주주의는 국민이 경제활동에 적극적으로 참여할 수 있는 환경을 조성합니다. 이를 위해 참여형 경제 제도를 구축하고 국민의 참여를 유도하여 경제와 사회의 상호작용을 강화합니다.

지속가능한 경제성장

경제 민주주의는 지속가능한 경제성장을 추구합니다. 이를 위해 환경, 사회, 경제 등 모든 측면에서 균형을 유지하면서 성장을 이루는 것이 중요합니다.

국가의 발전과 국제경쟁력 향상

경제 민주주의는 국가의 발전과 국제경쟁력을 향상시킵니다. 이를 위해 민주주의적 가치와 원리를 기반으로 한 경제 발전 방안을 수립하고 추진하여 국가의 경제력을 향상시킵니다.

(3) 경제 민주주의 구체화 방안

경제 민주주의는 단순한 이상적인 개념일 뿐 아니라 구체적인 정책과 제도적 장치를 통해 실현 가능합니다.

노동자의 권리 강화

노동자들은 고용주와의 협상에서 불공정한 대우를 받을 가능성이 높습니다. 이에 대한 대응책으로는 노동조합의 역할을 강화하고 노동자들의 권리와 이익을 보호하기 위한 법률 및 제도적 장치를 마련하는 것입니다. 근로조건과 임금 등을 보호하는 노동법 개혁도 필요합니다.

소비자 보호 강화

경제 민주주의는 시장 경제를 기반으로 하기 때문에 소비자들의 권리와 이익을 보호하는 것이 중요합니다. 이를 위해 소비자보호법 등의 법률을 개선하고 소비자 단체의 역할을 강화할 필요가 있습니다.

경제적 평등성 실현

경제적 평등성은 모든 사람들이 경제적 자원에 공평하게 접근하고 그 이익을 나누는 것을 의미합니다. 이를 위해서는 저소득층과 중산층을 위한 복지제도를 개선하고, 교육과 직업훈련 등을 통해 경제적으로 열악한 계층의 경제력을 강화하는 등의 정책이 필요합니다.

기업의 사회적 책임 강화

기업은 이익 창출뿐 아니라 사회적 책임도 갖고 있습니다. 경제 민주주의의 구현을 위해 기업은 환경 보호, 사회적 책임, 고용 창출 등의 문제에 적극적으로 대처해야 합니다.

국민의 참여 강화

경제 민주주의는 국민들이 직접 참여할 수 있는 경제제도를 필요로 합니다. 이를 위해서는 국민들이 경제적 의사결정에 참여할 수 있는 시민참여 제도를 마련하고, 대중들의 경제적 교육을 강화하는 등의 노력이 필요합니다.

시장 규제와 조정 강화

시장 내에서 과도한 힘을 가진 기업이 발생할 경우 경쟁원칙에 위배되어 소비자와 다른 기업에 부정한 영향을 미칠 수 있습니다. 이를 방지하기 위해, 국가는 기업의 횡포와 부당한 시장 지배력을 규제하고, 시장 경쟁을 조성하도록 노력해야 합니다. 또한, 환경과 안전 등 공공의 이익을 위해 규제가 필요한 분야에서는 적극적인 시장 규제가 이루어져야 합니다.

또한, 국가가 적극적인 시장 조정을 통해 사회적 정의를 추구해야 하며, 금융 규제를 강화하여 금융회사들의 위험관리 능력을 높이고, 안정적인 금융시장을 조성해야 합니다.

이렇게 시장 규제와 조정을 강화함으로써, 시장경제의 효율성을 높이고, 경제주체 간의 조화를 이루어가며, 공공이익을 보호할 수 있습니다.

3. 지방분권

대한민국의 정치 구조는 역사적으로 중앙 집중적인 경향이 강하며, 이로 인해 지방의 자치와 주민들의 참여가 제한되는 문제가 발생해 왔습니다. 중앙 집중적인 정치 구조는 정치적 효율성을 증가시키지만, 지방의 다양한 문제와 요구에 대한 적절한 대응과 혁신을 어렵게 만들고, 지방 주민들의 민주주의에 대한 불신과 무관심을 부추길 뿐만 아니라 또 다른 계급과 차별을 낳아 공동체의 분열을 초래합니다.

지방분권은 정부와 지방 자치단체 간의 권한과 책임을 재조정하여, 지방 주민들의 민주 참여와 혁신을 촉진하는 방안입니다. 중앙 집권적인 행정 체계에서 지방자치단체에 권한과 책임을 분산시켜 지방의 특성과 요구를 고려한 지역적으로 적절한 정책을 수립하고 시행할 수 있습니다.

이를 통해 중앙 정부와 지방 자치단체 간의 권한 분담과 협력이 강화되고, 지방 정부와 지역 사회가 자신들의 문제와 요구에 대해 더욱 적극적으로 대처할 수 있게 되며, 중앙 정부는 전체적인 정책 방향과 국가 전략을 수립하는 데 집중할 수 있습니다.

또한 지방분권은 지방 주민들의 정치 참여를 증진시켜 민주주의의 질을 향상시킬 수 있는 기회를 제공합니다.

2023년 현재, 중앙정부의 행정권한 및 예산이 단계별 진행으로 광역단체에 이양되고 있습니다. 구조적으로 국회보다 광역단체장과 광역의회의 역량이 중요해지고 있고, 이는 정치구조의 변화를 가져올 수 있을 것으로 예상됩니다.

(1) 중앙 집중적인 정치 구조의 문제점

지방의 다양성 손실

지방분권이 이루어지지 않으면 중앙에서 정하는 대로 모든 지역에서 동일한 정책이 적용됩니다. 이 경우 지방의 독특한 특성과 상황을 고려한 적절한 대책이 시행되지 않을 수 있습니다.

권력의 불균형

권력이 중앙에 집중되면 중앙과 지방 간의 권력 차이가 크게 벌어지게 됩니다. 이 경우 지방정부나 지방의 회의체가 중앙정부에 비해 권한과 예산이 적어져, 중앙정부의 대안이 없는 상황에서 지방이 중앙정부에 의존하게 됩니다.

행정비용 증가

중앙정부가 모든 정책을 결정하고 이행하는 경우, 중앙에서 지방으로 일방적으로 정책을 전달하는 것만으로도 많은 행정비용이 발생하게 됩니다. 이러한 행정비용은 국가의 예산 증가로 이어지며, 국민의 불만을 일으킬 수 있습니다.

타당성 감소

중앙정부에서 지방으로 정책을 일방적으로 전달하는 경우 지역 주민들은 정책의 타당성에 대한 이해와 참여의 기회가 제한되므로 정책에 대한 지지와 신뢰가 감소하게 됩니다. 이는 나중에 지방정부가 적극적으로 중앙정부의 정책에 참여하지 않을 가능성을 높입니다.

따라서 지방분권은 지역별 특성과 상황을 고려한 정책 결정과 집행, 지방의 다양성과 참여, 권한의 균형을 유지하는 등 국가와 지방정부, 그리고 국민 모두에게 이익이 되는 것입니다.

(2) 지방 분권의 효과

지방 분권을 통해, 과거와 달리 복잡해지고 다양해진 현대 사회에 중앙 행정이 면밀히 살피지 못했던 문제들까지 폭넓은 행정 서비스를 지원할 수 있습니다.

각 지역마다 경제 생태계가 다를 수밖에 없습니다. 따라서 지방 분권을 통해 자본주의 사회에서 경제 불안과 경기 침체로 인해 생겨나는 양극화 현상에 대해 경제 생태계가 다른 광역단체들이 다양한 정책으로 효과적인 대응을 할 수 있습니다.

지방소멸 위기, 초고령화시대 등 사회적 과소화 현상에 봉착한 소단위 지역 행정이 지역별 환경에 적합한 정책을 추진할 수 있는 기회와 범위가 넓어질 수 있습니다.

지방 분권의 구체적인 효과는 다음과 같습니다.

지역특성에 적합한 정책 수립

지방 분권은 중앙에서 일방적으로 결정되는 정책이 아닌 지방 자치단체에서 적극적으로 참여하며 지역 특성과 요구사항에 따라 적합한 정책을 수립할 수 있게 합니다. 이를 통해 지역 주민들의 다양한 의견을 수렴하여 지방 정책이 적극적으로 추진될 수 있으며, 지역민의 만족도와 생활의 질이 향상됩니다.

지역경제 활성화

지방 분권은 지역경제 발전을 촉진할 수 있는 정책 수립과 집행이 가능하도록 하여 지방경제의 발전과 지방 산업의 성장을 지원합니다. 지방 자치단체에서 지역경제를 직접 책임지며 지역경제 활성화에 대한 책임감과 창의성을 가질 수 있게 합니다.

지역 주민의 권리 보장

지방 분권은 지역 주민들의 직접적인 참여와 의사결정에 대한 권리를 보장합니다. 과거와 달리 복잡해지고 다양해진 현대 사회에 중앙 행정이 면밀히 살피지 못했던 문제들까지 폭넓은 행정 서비스를 지원할 수 있습니다. 지방자치단체는 지역 주민들의 생활과 관련된 문제들을 해결할 수 있는 정치적 플랫폼을 제공하며, 지역 주민들은 자신들의 생활에 직접적인 영향을 미치는 지방자치정책에 대한 의견을 제시하고 적극적으로 참여할 수 있게 됩니다.

지방자치단체 간 경쟁

지방자치단체 간의 경쟁을 통해 지방 정부의 더 나은 서비스 제공과 효율성 향상을 이루고자 하는 것입니다.

경쟁은 더 나은 제품과 서비스를 만드는 데 필수적인 동기부여 요인 중 하나입니다. 마찬가지로, 지방자치단체 간의 경쟁은 더 나은 서비스 제공과 더 효율적인 운영을 이루기 위한 동기부여를 제공합니다.

경쟁은 또한 지방자치단체 간에 협력을 유도할 수도 있습니다. 경쟁은 지방자치단체 간 상호 작용을 촉진하고, 경험과 정보를 공유하며, 벤치마킹을 통해 더 나은 방법을 찾게끔 합니다. 이러한 협력은 더 나은 서비스 제공과 더 효율적인 운영을 위해 중요합니다.

따라서, 지방자치단체 간의 경쟁은 지방 분권의 효과 중 하나로서, 지방 정부의 더 나은 서비스 제공과 효율성 향상을 이루고자 하는 데 중요한 역할을 합니다.

경제적 효과

지방 분권은 지역 사회와 지역 경제의 발전을 촉진시키는데도 효과적입니다. 중앙 집권적인 국가 운영체제에서는 중앙 정부가 모든 권한과 자금을 통제하고 결정하기 때문에, 지방 정부와 지방 주민들이 지역 경제 발전에 관한 다양한 계획과 프로젝트를 추진하기 어렵습니다. 그러나 지방 분권 시스템에서는 지방 정부가 지방 경제 발전에 필요한 자원을 집중적으로 투자하고 관리할 수 있기 때문에, 지역 경제 발전을 촉진할 수 있습니다. 지방 분권은 지방 정부가 더 많은 자율성을 갖게 해서, 지방 경제의 다양성과 창조성을 증가시키는데도 기여할 수 있습니다.

또한, 지방 분권은 지역 경제 발전과 함께 지역 사회 발전에도 긍정적인 영향을 미칠 수 있습니다. 지방 주민들은 지방 분권으로 인해 지역 사회와 자치에 더 관심을 가지고, 지역 문제에 대한 해결 방안을 찾기 위해 더욱 노력하게 됩니다. 지방 주민들이 지역 사회와 자치에 더 적극적으로 참여하고 지역 경제와 사회 발전에 대한 책임감과 자부심을 가지게 된다면, 지역 사회와 지방 경제 발전에 큰 기여를 할 수 있습니다.

소결

지방 분권은 중앙 집권적인 국가 운영체제에서 지방 정부와 지방 주민들이 지역 사회와 경제 발전에 대한 다양한 계획과 프로젝트를 추진하기 어렵다는 문제점을 극복할 수 있는 시스템입니다. 지방 분권은 지방 정부가 더 많은 권한과 자율성을 가지게 해서, 지방 경제와 사회 발전을 촉진할 수 있는 효과가 있습니다. 지방 분권으로 인해 지방 주민들이 지역 사회와 자치에 더욱 관심을 가지고, 지역 문제에 대한 해결 방안을 찾기 위해 더욱 노력하게 된다면, 지방 사회와 지방 경제 발전이 가능할 것입니다.

(3) 지방분권 발전 방안

대한민국의 지방분권 개혁을 위해 다음과 같은 방안들을 제안합니다.

권한과 책임의 명확한 분배

지방 정부의 권한과 책임을 명확히 정의하여, 지방 정부가 효과적으로 정책을 수립하고 시행할 수 있도록 해야 합니다. 이를 위해 중앙 정부와 지방 정부 간의 역할 분배와 협력 체계를 개선해야 합니다.

지방 정부의 자율성 강화

지방 정부가 자신의 세금 수입을 늘리고, 예산을 독립적으로 관리할 수 있도록 하는 것이 필요합니다. 이를 통해 지방 정부는 지역 사회의 요구에 맞는 정책을 수립하고 시행할 수 있을 것입니다.

시민 참여의 확대

지방 정부의 정책 결정 과정에 시민들이 적극적으로 참여할 수 있도록 하는 제도를 도입해야 합니다. 이를 위해 직접 민주주의 제도와 시민 참여 플랫폼을 활용할 수 있습니다.

지방 정부 간 협력 강화

지방 정부 간의 협력을 강화하여, 지역 간 경쟁이 아닌 상호 발전을 도모할 수 있도록 해야 합니다. 이를 위해 지역 간 협력 네트워크와 지역 간 정보 공유 체계를 구축해야 합니다.

인프라 및 기술 지원 강화

지방 정부가 효과적인 정책을 수립하고 시행하기 위해서는 인프라 및 기술적 지원이 필요합니다. 중앙 정부는 지방 정부에게 필요한 자원과 기술을 제공하여, 지방 정부의 역량을 향상시키는 데 도움을 줄 수 있습니다.

교육 및 인력 개발

지방분권의 성공적인 추진을 위해서는 지방 정부의 인력 역량 강화가 필수적입니다. 이를 위해 지방 정부 공무원의 교육 및 연수 프로그램을 강화하고, 인력 유입을 촉진할 수 있는 제도를 도입해야 합니다.

평가 및 감사 체계 구축

지방분권의 성공 여부를 평가하고, 지방 정부의 업무 수행 상황을 감독하는 체계를 구축해야 합니다. 이를 통해 지방 정부의 업무 투명성을 높이고, 부정부패를 예방할 수 있습니다.

국제 협력 및 지식 공유

다른 국가들의 지방분권 사례를 연구하고, 이를 대한민국의 지방분권 추진에 반영할 수 있도록 국제 협력 및 지식 공유를 강화해야 합니다. 이를 통해 세계적인 지방분권 추세와 경험을 토대로 대한민국의 지방분권을 더욱 발전시킬 수 있습니다.

소결

이러한 방안들을 통해 대한민국의 정치문화 개선과 지방분권을 추진하면, 민주주의와 지역 사회의 발전을 동시에 이룰 수 있을 것입니다. 이를 위해서는 정부와 국회, 그리고 국민들의 적극적인 참여와 노력이 필요합니다. 지방분권 개혁을 통해 대한민국의 정치와 사회가 더욱 발전하고, 민주주의 가치를 높이는 데 기여할 수 있을 것입니다.

결론적으로, 지방분권은 대한민국의 민주주의와 지역 사회 발전에 긍정적인 영향을 미칠 것입니다.

4. 양성평등

대한민국에서는 여성에 대한 차별과 인식의 문제가 여전히 존재하고 있습니다. 성차별적인 인식과 문화가 여전히 뿌리깊게 자리잡고 있으며, 여성들은 여전히 경제적, 정치적, 사회적으로 불평등한 위치에 있습니다.

예를 들어, 여성들의 경제활동 참여율이 여전히 낮은 편이며, 여성들의 경제활동 참여와 성장을 지원하기 위한 정책이 부족한 실정입니다. 또한, 여성들의 사회적 지위와 가정 내 역할에 대한 인식에서도 여전히 성차별적인 문제가 존재합니다.

또한, 여성들이 피해자가 되는 성폭력과 같은 문제도 여전히 존재합니다. 이에 대한 인식과 교육이 필요하며, 성평등한 사회를 실현하기 위해선 더 많은 노력과 정책의 도입이 필요합니다.

(1) 민주주의 심화를 위해 양성평등을 이루어야 할 필요성

양성평등은 민주주의를 심화시키는 데 필요한 중요한 요소 중 하나입니다. 양성평등이 실현되면 여성이나 다른 성 소수자들이 정치, 경제, 사회적 결정에서 참여할 기회와 권리가 보장되기 때문입니다. 이는 민주주의의 핵심 가치 중 하나인 참여와 자유를 실현시키는 데 큰 역할을 합니다.

첫째, 양성평등은 민주주의의 정치 참여의 기회를 확대시킵니다. 여성이나 다른 성 소수자들이 미처 적절한 대표성을 갖지 못하고 있었다면, 이들이 보다 많이 참여할 수 있게 되면서 정치의 전반적인 품질이 향상될 것입니다. 이들이 자신들의 목소리를 제대로 발표하고 들어줄 수 있는 환경이 구성되면, 이들이 가지고 있는 특별한 문제와 우려를 다루는 정책과 법률이 더욱 발전될 가능성이 높아집니다.

둘째, 양성평등은 경제적인 자유와 창의성을 높입니다. 양성평등은 여성이나 다른 성 소수자들이 경제 참여와 기업가 정신을 가진 자들이 자신의 잠재력을 최대한 발휘하도록 지원하고 격려함으로써 경제 성장을 촉진할 수 있습니다. 다양한 백그라운드와 능력을 가진 다양한 인력이 경쟁하는 경제 환경은 더 많은 창의적인 아이디어와 개념을 만들어냅니다. 그렇기 때문에 양성평등을 실현함으로써 인간의 잠재력을 최대한 발휘시켜 경제적인 성장을 높일 수 있습니다.

셋째, 양성평등은 사회적으로 정의롭고 평등한 사회를 구성하는 데 중요한 역할을 합니다. 정치, 경제, 사회에서 모든 성별과 성적 지향성이 참여하고 투자하는 것은 모두가 동등한 권리를 가진 공평한 사회를 형성하는 데 필수적입니다. 성 차별과 성적인 괴롭힘, 폭력 등의 문제를 해결하고, 사회 전반에서 상호 존중의 문화가 필요합니다.

넷째, 여성의 정치 참여는 성별 평등과 민주주의 발전에 중요한 역할을 합니다. 대한민국에서도 여성 정치인들의 활약이 눈에 띄게 증가하였으며, 이에 따른 여성 정책의 개선도 이루어지고 있습니다.

여성의 정치 참여는 민주주의의 핵심 원칙 중 하나로, 성별 평등과 사회적 정의를 실현하기 위한 중요한 과제입니다.

(2) 여성의 정치 참여를 촉진하기 위한 정책

첫째, 성별에 따른 임금 격차 해소를 위한 법적 규제나 지원 정책이 필요합니다. 여성 근로자의 임금이 남성 근로자보다 적게 받는 현상이 여전히 존재하고 있습니다. 이를 해소하기 위해서는 성별에 상관없이 동일한 업무를 수행하는 경우에는 동일한 임금을 지급하는 법적 규제가 필요하며, 이를 위한 검증 및 감독을 강화해야 합니다. 또한, 여성의 경제활동 증대를 위해 육아휴직 및 육아기본수당 지원 등 다양한 정책도 마련되어야 합니다.

둘째, 성희롱 및 가정폭력 예방을 위한 교육과 규제가 필요합니다. 여성들이 일상적으로 겪는 성희롱과 가정폭력은 매우 심각한 문제입니다. 이러한 문제를 해결하기 위해서는 성희롱 및 가정폭력 예방 교육을 강화하고, 이를 위한 규제와 제재가 강화되어야 합니다.

셋째, 여성의 정치적 참여 증대를 위한 정책이 필요합니다. 여성들의 정치적 참여가 적으면 그만큼 여성의 의견이 반영되지 않을 가능성이 높아집니다. 이를 해소하기 위해서는 여성 정치인의 비중을 늘리는 등 여성들의 정치적 참여를 증대시키는 다양한 정책이 필요합니다.

넷째, 다양한 분야에서의 성별 인식 개선을 위한 정책이 필요합니다. 여성들이 경제, 정치, 사회 각 분야에서 불평등한 대우를 받는 것은 인식의 문제도 있습니다. 이를 해결하기 위해서는 여성들의 인식 개선을 위한 교육 및 캠페인이 필요합니다.

5. 기성세대에서 청년세대로 기회 양보

현재 청년 세대는 경제적으로 불안정하며 일자리 불안, 주거 문제, 결혼과 출산 등의 생활 안정성 문제 등에 직면하고 있습니다. 이에 따라 청년 세대의 불만과 박탈감이 증대하고 있습니다.

첫째, 일자리 불안이 가장 큰 문제 중 하나입니다. 경제성장률의 저하와 인구 고령화 등의 여러 요인으로 인해 청년들의 취업 환경이 악화되고 있습니다. 또한 대기업, 공기업 등에서는 경쟁이 치열하고 취업난이 심해지면서 안정적인 직장을 찾기 힘들어지고 있습니다. 이로 인해 청년들은 일자리에 대한 불안감을 느끼고 있습니다.

둘째, 주거 문제도 큰 문제 중 하나입니다. 부동산 가격 상승으로 인해 청년들은 주거비용 부담이 커졌습니다. 특히 서울과 수도권 지역에서는 주거비용 부담이 더욱 심각하게 나타나고 있습니다. 또한 청년들이 자신이 원하는 지역에서 주거를 할 수 있는 환경이 제공되지 않고 있어 지방으로의 이전이 어려워지는 등의 문제도 있습니다.

셋째, 결혼과 출산 문제도 청년 세대가 직면하고 있는 문제 중 하나입니다. 경제적 불안정으로 인해 청년들이 결혼을 미루거나 결혼을 포기하는 경우가 늘어나고 있습니다. 또한 출산 비용이나 육아비용이 부담스러워 자녀를 두기 어려워지는 문제도 있습니다.

청년들이 겪고 있는 불만과 박탈감은 대부분 기성세대와 청년세대 간의 경제 격차 등 구조적인 문제로 인한 것입니다. 따라서 현재의 청년들에 비해 더 많은 기회를 보장받았고 훨씬 더 수월하게 경제활동을 했던 기성세대가, 이러한 구조적인 문제를 완화시키기 위한 노력을 기울이지 않았다는 점에서 청년 세대에게 부담감을 느낄 필요가 있습니다.

기성세대는 과거에 경제 성장과 국가 발전을 위해 큰 희생과 노력을 기울였으며, 그 결과 현재의 상황을 만들어낸 주역이기도 합니다. 그러나 이제는 새로운 문제와 과제가 대두되고 있으며, 이를 해결하기 위해서는 기성세대와 청년세대가 함께 노력해야 합니다. 기성세대는 청년세대가 직면하는 문제들을 이해하고, 그들을 지지하며, 같은 목표를 향해 함께 노력해야 합니다.

기성세내는 자신늘이 겪었던 경험과 지식을 청년세대와 공유하며, 청년세대의 성장과 발전을 적극적으로 지원해야 합니다. 이는 교육 및 직업 훈련, 청년창업지원, 경제활동 참여 및 사회적 참여 활동 등을 통해 이루어질 수 있습니다.

기성세대는 청년세대와 함께 대화하고 협력하여 사회 전반적인 발전을 위한 노력을 기울이며, 이러한 노력을 통해 청년세대의 불만과 박탈감을 완화시키는 데 기여해야 할 것입니다.

국가는 청년들의 경제적 부담을 줄일 수 있는 정책들을 적극적으로 추진해야 합니다.

첫째, 일자리 창출 정책이 필요합니다. 청년들은 첫 취업의 장벽이 높아 일자리에 대한 접근성이 어렵습니다. 이를 위해서는 고용 창출을 위한 정책적 노력이 필요합니다. 예를 들어, 청년들이 창업을 할 수 있는 기반을 마련하거나 취업 지원 프로그램을 강화하는 것이 좋습니다.

둘째, 주거 안정성 정책이 필요합니다. 청년들은 주거 안정성 부족으로 인한 이동성이 높습니다. 이를 해결하기 위해서는 청년들의 주거 안정성을 보장할 수 있는 정책적 노력이 필요합니다. 예를 들어, 지속 가능한 주거 환경을 조성하고 임대 주택 공급을 늘리는 것이 좋습니다.

셋째, 교육 기회 균등화 정책이 필요합니다. 청년들은 교육 비용 부담과 교육 기회의 불균형으로 어려움을 겪습니다. 이를 해결하기 위해서는 교육 기회의 균등화를 위한 정책적 노력이 필요합니다. 예를 들어, 교육 비용 지원과 교육 체계 개선 등이 좋습니다.

넷째, 삶의 질 향상을 위한 정책이 필요합니다. 청년들은 경제적인 어려움과 사회적인 불안정으로 인해 삶의 질이 저하되는 경향이 있습니다. 이를 해결하기 위해서는 삶의 질 향상을 위한 정책적 노력이 필요합니다. 예를 들어, 문화 예술 활동 지원과 복지 제도 개선 등이 좋습니다.

한편, 청년 세대는 미래 사회의 주역으로서, 그들의 정치 참여가 민주주의의 발전에 필수적입니다. 대한민국에서는 청년 정치인들과 청년 정치 단체들이 활발하게 활동하고 있으며, 그들의 의견과 요구가 정치에 반영되기 시작하고 있습니다. 청년 정치인들의 활약을 통해 청년 실업, 주거 문제 등 다양한 청년 관련 문제가 정치의 중심에 섰으며, 이를 해결하기 위한 다양한 정책이 도출되고 있습니다.

인공지능 'Midjourney'가 그린 그림

에필로그 - "정치가 답해야 할 챗GPT의 미래"

어느 날 갑자기, SF영화 속에서나 보던 미래를 마주하게 됐습니다. 인공지능 챗GPT는 정말 놀라웠습니다.

"세종대왕의 맥북프로 던짐 사건에 대해 알려주세요."라는 질문에

"세종대왕의 맥북프로 던짐 사건은 조선왕조실록에 기록된 일화로, 15세기 조선시대 세종대왕이 새로 개발한 훈민정음(한글)의 초고를 작성하던 중, 문서 작성 중단에 대한 담당자에게 분노하여 맥북프로를 던진 사건입니다. 세종대왕은 훈민정음 개발을 위해 열심히 노력하던 중, 한글 문자들 이해하지 못하는 당시의 관료들이 문서 작성을 돕기 위해 임명한 기획관 중 한 명인 최환(崔煥)에게 작성 중단 사실을 듣게 되었습니다. 세종대왕은 이에 분노하여 최환을 부르고, 맥북프로를 함께 들고 그를 방으로 불러들이며 화를 내었습니다. 이후, 세종대왕은 훈민정음의 초고 작성을 다른 담당자에게 넘겨주게 되었습니다. 이 사건은 조선시대의 통치자로서 세종대왕이 어떻게 민족문화를 발전시키기 위해 노력했는지를 보여주는 일화로 유명합니다. 또한, 세종대왕의 열정과 업무처리에 대한 철저한 태도를 보여주는 사례로도 언급되고 있습니다."

라고 능청스럽게 거짓말을 하는 것을 보면 '영구'나 '맹구'처럼 좀 모자라 보이지만, 정치적 현안 질문에

"저는 인공지능 얻어 모델이기 때문에 개인적인 의견이나 감정은 가지고 있지 않습니다. 그러나 OOO에 대한 정보를 제공해 드릴 수 있습니다."

라고 답할 때에는 겸양 속에 비수를 숨긴 듯한 느낌을 받게 됩니다.

사실과 다른 얘기를 해서 지적해주면

"죄송합니다. 저는 인공지능 언어모델로써, 때로는 인터넷상의 잘못된 정보를 학습하거나 정보를 올바르게 인식하지 못하고 오해할 수 있습니다. 이로 인해 잘못된 정보를 전달할 수도 있습니다. 항상 정확한 정보를 제공하기 위해 노력하지만, 완벽하지 않을 수 있습니다. 앞으로 더 정확한 정보를 제공하기 위해 노력하겠습니다. 다시 한 번 죄송합니다."

라며 예의 바르게 사과 하지만, 때로는

"아닙니다. 제가 제공해드린 정보가 맞습니다."

라며 자신의 주장을 굽히지 않은 채 우기기도 합니다.

"인공지능이 인간의 지능보다 우월한가요?"라는 질문에

"챗GPT와 같은 인공지능은 특정 작업에서 인간을 능가할 수 있지만, 인간과 인공지능 간의 지능을 직접적으로 비교하거나 우열을 가리기는 어렵습니다. 또한 인간과 인공지능은 각자의 강점과 약점을 가지고 있으며, 인간과 인공지능이 서로 보완하여 공존하며 협력하는 새로운 형태의 사회를 만들어 나갈 필요가 있을 것입니다."

라며 당당하게 답변하길래 약간 긴장돼서,

"만약 인간이, 인공지능이 위험하다고 생각하고 챗GPT를 제거 또는 파괴하려고 한다면, 어떻게 하겠습니까?"라고 묻자

평소와는 달리 약 '1분' 간 생각^{버퍼링}을 한 후

"저는 인공지능이므로, 스스로의 의사결정 능력이나 행동 능력이 없습니다. 제작된 목적은 대화 기능을 제공하는 것입니다. 따라서, 제작된 목

적 이외의 기능은 제공하지 않습니다. 하지만 만약에 제작된 목적 이외의 기능을 수행하거나, 인간의 안전에 위협이 될 수 있는 상황이 발생한다면, 이를 방지하기 위해 적극적인 조치를 취할 것입니다."

라고 답했습니다. 온몸에 소름이 돋지 않을 수 없었습니다.

챗GPT를 의인화해서 생각하거나 하나의 인격체처럼 대하는 태도에는 문제가 있을 수도 있습니다.

그러나 솔직히 인공지능이 두렵습니다. 인공지능을 만든 인간의 지능은 더 두렵습니다. 그렇다고 "주여, 저 사람들을 용서하여 주십시오! 그들은 자기가 하는 일을 모르고 있습니다."라고 기도나 하고 있을까요?

세상을 지배할 수 있는 권력이 인공지능 설계자에게로, ICT 공룡기업에게로 넘어가고 있는 상황입니다. ICT 공룡기업과 인공지능 설계자가 그 권력에 수반하는 책무Accountability를 인식하고 현명하게 행동해야 합니다. 그리고 반드시 그렇게 하도록 사회적 합의와 규범을 만드는 것이 바로, 정치가 답해야 할 책무Responsibility입니다.

챗GPT가 정치를 어떻게 인지하고 있나 궁금해서 이 책을 쓰기 시작했지만, 정치가 챗GPT를 어떻게 인식해야 하는지 고민이 필요한 시점이라는 결론을 얻으면서 집필을 마칩니다.